新書

ネルケ無方
NÖLKE Muhô

迷える者の禅修行

ドイツ人住職が見た日本仏教

404

新潮社

知るべし、行を迷中に立てて、証を覚前に獲ることを
参学の人、且らく半迷にして始めて得たり、全迷にして辞すること莫れ
（道元禅師「学道用心集」）

迷える者の禅修行　ドイツ人住職が見た日本仏教　目次

まえがき

どこのドイツだ？

私は一九六八年、ドイツの西ベルリンに生まれました。ひょんなことから仏教と出会い、二十年前に修行のために来日、九年前から兵庫県の日本海側にある、「安泰寺」という小さな山寺の住職をしています。

寺も私も知られておらず、住職になった当初、何回か警察の職務質問を受けたほどです。

警官「どこのどいつだ？」

私「ドイツはドイツだけれども、今は安泰寺の住職をしていますよ」

警官「バカな、そんな寺は聞いたことがない！」

なかなか信じてもらえませんでしたが、それは無理もないことかもしれません。安泰寺は、一番近くの街である兵庫県の浜坂から十六キロも離れていて、檀家が一軒もあり

バス停から山道を4キロ。人里離れた山奥に安泰寺はある

ません。最寄りのバス停から山に入る未舗装道路を登ること四キロ、そしてその道は寺で行き止まりとなっています。

安泰寺の歴史はそれほど古くありません。大正時代に曹洞宗の宗学研究の学堂として、京都洛北に開創されました。多くの学匠（註　仏道を研究している者）が輩出し、近代の伝統宗学を継承発展させてきたようですが、戦後は純粋な坐禅修行に重みがおかれました。一九六〇年代より世に広く知られるところとなり、世界各地から修行者が集うようになりましたが、修行者の増加と周囲の宅地化の影響もあり、一九七六年にこの但馬地方に移転してきました。禅語の「一日不作、一日不食」（註　中国の百丈禅

昼食前の合掌。参禅者は国際色豊か。テーブル中央奥が著者

師の言葉。働くことと食べることが密接に関わり合っているところに人間の「命」があることを説いている）を実践し、自給自足を行ずる坐禅寺として再出発したのです。

安泰寺の修行

安泰寺には世界中から入れ替わり立ち替わり参禅希望者がやって来ます。目指すところはひとつ。一心不乱に坐禅修行に打ち込むことです。これまで十五人が私の下で「出家得度」（註　僧侶になって正式に弟子入りすること）を受けました。日本人が四人、ドイツ人も四人、オーストラリア人が二人、オーストリア、ポーランド、ロシア、フランス、カナダからそれぞれ一人です。

彼らを中心に安定した常住（註　寺の常駐スタッフ）と活発な叢林（註　修行仲間のコミュニティー）を育てるのが、私の使命だと思っています。

修行生活についてご説明しましょう。

何はともあれまずは坐禅です。年間を通して、千八百時間の坐禅を行います。毎日坐禅をしたとして、一日平均約五時間。起床は夜も明けぬ三時四十五分。すぐに二時間の坐禅。そして朝食、掃除（主に廊下の拭き掃除）の後は、昼食をはさんで農作業や山仕事。安泰寺は自給自足を目指しているので、田畑を耕し米や野菜を作っているだけではなく、カマドの燃料となる薪も自分たちで山から原木を切り出して、薪割りをして作ります。夕方になると、再び二時間の坐禅が待っています。八時過ぎからは基本的に自由なので、読書をしたり手紙を書いたりすることができます。明くる日の朝が早いので、寝る時間も早いです。早い人で九時ごろ、遅い人でも十時過ぎには寝ます。さらに、毎月行われる「接心」（註　坐禅を集中的に修行する期間。安泰寺では五日間、無言で行われている）では、朝四時から夜の九時までぶっ続けで坐禅に専念します。

安泰寺のある付近は豪雪地帯なので、冬季は外部との往来が遮断されます。その間はもちろん坐禅と教学三昧の毎日です。

誤解だらけの日本仏教

なぜ私たちが、日本の「プロのお坊さん」でもなかなかしない、このような修行生活を送っているのかと、不思議に思う方もいることでしょう。

その答えは、修行の中に、仏教の中に、自らの生きる力を見出しているからです。

それでは、仏教とはなにか？

仏教とはいうまでもなく、「仏の教え」です。しかし大事なのは、「仏の教え」とは単に「仏（釈尊やアミダさん）から教わる」だけではなく、「仏（覚者）になるための道しるべ」、そして「仏としての生き方そのもの」でもあるということです。だれが「仏になる」のかというと、他でもなく今ここに生きている私たちでなければなりません。自分自身が仏として生きることが昔から仏教の眼目でした。それは今日も変わっていません。自分が仏にならない限り、仏教の意味がなくなってしまいます。

「今ここ、この自分が仏にならなければ」という仏教の原点が、今の日本ではあまり理解されていないのではないか、という気が私にはしています。日本は仏教国です。少なくとも、仏教国であったはずです。日本人は生まれながら、あえて意識していなくても空気と一緒に仏教的な価値観や世界観を吸収しているはずです。ドイツから正法（しょうぼう）を求めてはるばる日本にやって来た私には、そのことが羨ましいと思えます。それと同時に、その伝統がいまや消えつつあるのを目の当たりにして、なんとももったいないことだなぁとも思っています。

日本の今の「仏教」はそもそも理論的に整理された教えというより、一つの風習にすぎないのかもしれません。その風習の中には、たとえば仏教とまったく縁のない祖先崇拝の影響も非常に強くあります。中には、祖先崇拝こそ仏教だと思っている日本人もいるでしょう。それはつまり、釈尊の教えとは遠く離れた、誤解だらけの仏教です。

日本では、あの世にいまします「仏さん」を拝み、その功徳が自分に降り注がれたり、「仏さん」に守られたり、現世利益に与《あずか》ったりするのを期待することが仏教と思われていることが多いようですが、そういった考えは、本来の仏教とは根本的に違います。釈尊も含め、仏教でいう「仏」は本来、生身の人間です。大乗仏教（註　一切衆生《しゅじょう》の救済を目的とし、釈尊の他に阿弥陀如来や薬師如来、大日如来の教えもある）において、命の根源そのものを「仏」とよぶこともありますが、「仏」は決して特定の神様のことではありません。無論、死人でもありません。

ところが、今の日本で「仏（ホトケ）さん」というとき、寺院のお堂にある須弥壇《しゅみだん》の上に安置されている仏像を指しているか、あるいは死人を指しています。しかしこれはナンセンスです。「死んだらホトケ」というような教えは、仏教のどこにも見あたりません。なぜなら、死んでから仏になった人は一人もいませんから。

葬式だけが仏教か？

それでは仏とはそもそも何を意味していたのか？

「仏」とはサンスクリット語で「ブッダ」といい、その意味は「目が覚めた人」です。仏教「目を覚ます」のは、もちろん生きている間であり、死んでからでは遅いのです。仏教は、この自分が今ここで目を覚ますための道を教えているのですから、それはいきいきとした教えでなければなりません。仏教が自分の生き方となって、日常の中で実参実究されない限り、一生「目を覚ます」ことはないでしょう。釈尊ご自身が「私が死んでも、私の葬式はバラモン（註　古代インドの聖職者）に任せ、各自が各々の修行に専念すべきだ」と言っていたほど、個人の日常の実践を仏教は重視しているのです。死後の世界がどうなるかということは、もともと仏教のテーマではありません。当然、葬式も仏教の行事ではなくて、バラモン教の行事とされていました。葬式は修行ではなく世俗の仕事であり、修行者はそれに携わってはいけないのです。だから釈尊も自分の葬式をバラモンに任せろと言ったのです。

ところが今の日本では、その非仏教的なもの＝葬式仏教が仏教の主流になってしまったと私には思えます。「今のお寺に仏教がない」といわれるのは、そのためです。このことが、ドイツから来た私には悲しくてなりません。悪いのはいきいきとした仏教を説かないお坊さんだけではありません。お寺に本物の仏教を求めていない一般の方もまた悪いのです。お坊さんが答えてくれないなら、自分自身で本物の仏教を追い求めるべきです。ただ、「本物の仏教」をセールス・フレーズのように使っている、新興宗教の詐欺師に引っかからないように注意すべきなのですが。

修行は生き方の実践である

人は言うかもしれません。

「本物の仏教を求めているなら、すでに無宗教状態の日本ではなく、タイやミャンマーで修行をしたらどうか」

たしかに、「日本仏教」の九九パーセントは、生き方としての仏教と無関係だと私も思います。けれど、百パーセント無関係なわけでもありません。「本物の仏教」を追い求めているお坊さんや修行者が、少数ながら日本にいることも確かです。釈尊の本流は細々ながらちゃんと伝わっており、本物の仏教に出会うことは、二十一世紀の日本でも決して不可能ではありません。出会えるか出会えないかは、本人の求道いかんによるものでしょう。すべては自分自身の求め方次第で、やがて道が開けてくるはずです。

はるばる海を越えて仏教の修行をしに日本に来たと言うと、「しかし、ドイツにはお寺がないでしょう？　国に帰ったら、どうやって食べていくつもりだ？」と不思議そうに心配されることもあります。まるで仏教の修行が一つの職業訓練であるかのように思っているのでしょう。しかし私は、生活の糧を得ようと思って仏道に入ったわけではありません。実際に安泰寺の住職になるという時まで、まさかお寺を任せられると思ったことはありませんでした。どこかでホームレスでもやりながら、将来小さな坐禅道場を持てればいいなというぐらいにしか考えていませんでした（第六章で詳しく述べますが、本当にホームレス修行生活を送ったこともあります）。

仏教は私たちの生き方です。死人を相手に商売することではありません。

修行とはこの生き方の実践です。プロのお坊さんになるための修業（職業訓練）ではありません。そして仏とは「あの世」の遠い存在ではなく、私たち自身の生活目標でなければなりません。仏に向かって日々を歩むことこそ修行であり、仏の道です。そうでなくては「仏教」といえません。

私自身がどうやって仏教に出会い、仏教に魅せられたか、そしてどうして今お寺の住職をしているのか、一人の求道者として、その道程をこの本で書きたいと思います。私にとって大事な問題である「理想と現実のギャップ」「身体と心の関係」や「日本人と欧米人の考え方の違い」にも焦点を当てて、最終的には「仕事と家庭のバランス」や「親子の絆」にも少し踏み込み、現代人の抱えている色々な問題を考えていきたいと思っています。しばしお付き合いいただければ幸いです。

第一章　ドイツで仏教と出会う

一九六八年、ドイツに生まれる

私の生まれた一九六八年は「プラハの春」があり、西ベルリンやパリで学生運動がピークに達した年でもあります。「人間の顔をした社会主義」が期待され、大学生の間だけではなく、東西ヨーロッパの社会にぼんやりとした夢と希望の空気が広がっていました。この年の三月に、私は長男として西ベルリンに生まれました。両親はともに三十歳。母はその前年に医学部の博士号を取ったばかりでしたが、父はまだ在学中で、私が生まれた後に工学部をようやく卒業しました。学生運動に参加していた二人でしたが、その後ベルリンを離れ、一家はブラウンシュヴァイクにある、母の実家のプロテスタント系の教会に引っ越しました。

父は設計事務所に勤め、母は病院で医師として働いていました。三つ下と四つ下に二人の妹が生まれた後も、両親は共働きを続けました。家の二階では牧師である祖父と祖母が暮らしていました。祖父は牧師という職業の傍ら、社会民主党党員として市会議員も務めました。ブラウンシュヴァイクという町は、旧東ドイツとの国境に近い地方都市で、フォルクスワーゲンの大きな工場があり、ドイツ最古の工科大学もここにあります。町の中心部には十一世紀の初めに建てられた教会が位置していました。その周りには十五、六世紀に建てられた民家が密集していましたが、その九割は第二次世界大戦の空襲で破壊され、今は古い家と新しい家が無造作に縫い合わされたように並んでいます。

母の死

私が七歳のとき、母が突然乳ガンの手術のため入院しました。手術を終えた後、ベッドの脇に立っていた私と二人の妹の前で、母は寝間着を捲り上げ、乳房を除去した胸を私たちに見せました。その姿が今でも脳裏に焼き付いています。母は、幼い我が子にも現実の厳しさを見せようとしていたのでしょう。母が亡くなったのは、それから数週間後のことでした。そのとき私は、叔母の家で夏休みを過ごしていたので、母の死に目には会えませんでした。「お母さんはもう帰ってこない」と告げられたときの寂しさよりも、「あなたはまだ小さいから、お葬式には出なくていい」と大人たちに言われ憤慨したことの方が、記憶に残っています。

母は三十七歳でした。あまりしっかりしていない夫と幼い子供三人を残して、自分の親よりも早く一人でこの世を去らなければならない母の不安と悲しみが、母の年齢より長く生きてしまった今、初めて分かるような気がします。

神様はどこにいるの？　僕って誰？

ごく身近に教会があったため、当然小さい頃から「神様」についての話を祖父母からよく聞かされました。でも、「神様って一体どこにいるの？」「どうして目に見えないの？」「どうして話ができないの？」と疑問に思うことばかりでした。キリスト教圏で育った子供なら、誰でも一度は感じる疑問かもしれません。そうした疑問に対する、「あなたはまだ小さいから分からない。大きくなったら分かる」という大人たちの説明に納得がいくことはありませんでした。むしろ大人たちに騙されているような気持ちになり、「そんな答では納得できない！」と、早くから神様や教会に失望していたような気がします。後で分かったのですが、祖父が信奉していたのは決してあの世にいる神やイエスではなく、この世で人と人との間で働く「神の力」でした。社会主義者でもあった祖父にとって、社会の中の連帯感そのものが「神」であったのだと思います。しかし、子供だった私には教会の中での疎外感しか感じ得ませんでした。

母が亡くなった後、一家はブラウンシュヴァイクから五百キロほど離れた、テュービンゲンという南ドイツの小さな大学都市に移りました。それからというもの、一人きりで過ごす時間が増えました。学校から帰り、自分の部屋で過ごした時間の長いこと、長いこと。自分の殻に籠もり、することと言えば考え事ばかり。そのうち自然に「人間は一体何のために生きているのだろうか？」という疑問が浮かび、それにとらわれるようになりました。

「がんばって勉強しなさいと言われる。なぜ勉強するかというと、それは将来良い就職口を見つけるためだと言われる。就職したら今度は一生懸命に働かなければならない。仕事が楽しくて働くのではなく、お金を稼ぐために働く。なぜ金を稼がなければならないかというと、メシを食うためだと。なぜメシを食わなければならないかというと、生きるため。しかし、人間死んだら同じではないか？　そもそも生きる意味って何なんだろう？　どうして生きなければならないのか？」

そんな疑問を抱えるようになりました。また同時に、「私の頭の中には絶えず色々な考えが堂々巡りしている。この考えはどこから来ているのだろうか？　考えているのは私自身だから、出所は『私』のはず……。でもその『私』は一体何者か。頭の中に浮かぶ考えを捕まえることはできても、考えている『私』そのものを捕まえることができないのは、一体なぜか？」

という哲学的な難題にもぶつかりました。小学校三年生の頃です。十歳にも満たない子供の頭で解決できる問題では、当然のことながらありません。

思い切って父親に疑問をぶつけてみましたが、「それは学校の先生に聞いてみたら」という答えしか返ってきません。ならばと、学校の先生に聞いても「もう少し大きくなって、上の学校に進んだらそういうことが学べる」と言われるだけでした。結局「君はまだ小さいから分からない」という大人たちだって、本当は分かっていないんじゃないかと思うに至り、神様の居場所すら教えてくれない牧師や神父には、これらの問いをぶつけようとすら思いませんでした。だからといって、自分の頭の中でいくら考えても、結局は何も分かりませんでした。

「私とは何か？　生きる意味とは何か――」

そんな疑問が疑問のまま残ったのです。

坐禅との出会い

16歳の著者。ブラウンシュヴァイクの寮の部屋にて

　そんな疑問ばかりを抱えていたためか、子供時代の楽しい思い出はあまりありません。暗くて退屈な時代でした。家の中では今の日本でいう、引きこもりに近い生活を送っていましたが、学校に行くのは楽しく、不登校児ではありませんでした。しかし、そのうち学校もつまらなくなり、授業の邪魔ばかりしていました。それでも生意気に成績は悪くありませんでしたので、学校から「ここじゃ、君は面白いはずがないから、特別なところに行ってみないか」と、実家から遠く離れた寮制の高校を薦められました。その高校は、偶然にも幼少時代を過ごしたブラウンシュヴァイクにありました。

　高校に入学したのは十六歳のときです。

そこはクリスチャン・スクールでしたが、結果的にこの高校で「仏教」に出会いました。たまたま坐禅に親しむ先生がいて、「禅メディテーション・サークル」を開いていたのです。先生は元々カトリックの神父でしたが、神の存在について疑問を感じ、その疑問を明言したことで破門になっていました。その後、東洋のいろいろな瞑想法を試し、禅に辿り着いたようです。彼は寮の指導員として働きながら、寮生たちに坐禅を教えていたのです。

入学して間もない頃、私も「坐禅サークルに参加してみないか」と声を掛けられました。当時の私は「瞑想」といえば、インドのラジニーシのようないかがわしいグルのことしかイメージできませんでした。ラジニーシは三百六十五日、毎日新しいロールス・ロイスに乗りたいと言って、弟子たちに膨大なお布施を要求するなど、偽善的な宗教者であることが伝えられていました。そのため私は「瞑想」に悪印象しかありませんでしたし、「禅メディテーション」に関わろうとも思いませんでした。そこで、きっぱり「坐禅には興味がありません」と断ったのです。

しかし、一週間後再び、「一度くらい坐禅を試してみないか」と誘われました。「僕は結構です」と再び断ったのですが、「一度もやってみないで、どうして興味がない、結構だと言えるのか。一度経験した上でないと、本当にいいものか悪いものか、分からないじゃないか」と説得されました。一回瞑想をするだけでは洗脳されないだろうと思ったので、参加することにしました。ダメだったらすぐに止《や》めればいい、そんな軽い気持ちでした。ところが、一回だけでは済まなかったのです。

殻からの出口

一回で止めるつもりで始めた坐禅に、どうしてハマってしまったのでしょうか。

一言でいえば、坐禅に救われた思いがしたのです。それまでいくら頭で考えても見出せなかった、人生に対する疑問の解決や生きる方針の糸口が、そこにはあると思ったのです。とはいえ、実際そのことに気づくまでには、しばらく時間はかかりましたが。

坐禅初体験が私にもたらしたのは「身体の発見」です。

十六歳になるまで、私はずっと頭の中でしか生きていませんでした。「何のために生きるのか？　僕って何なのか？」――。このような自問を頭の中で繰り返しながら、解決を観念の世界にばかり求めていました。自分の身体は、「肝心要」の脳を活《い》かすための道具に過ぎないと思っていましたので、まさか身体を発見し世界全体へ自分を投げ出すことにその解決の糸口があるとは、思いもしなかったのです。

父親にも、学校の先生にも、「お前の身体の姿勢は悪い」とよく言われましたが、いつも私は反論しました。「先生の話を聞いて、良い成績を取っていれば、それでいいじゃないか。首を垂らしていようが、机の下で寝転がっていようが、どうでもいいじゃないか」と。

しかし坐禅して初めて分かったのは、姿勢が変われば、私の見ている世界も変わり、私自身も変わってくるということです。身体の姿勢も、呼吸も、心臓の動きも、みんな私に影響を及ぼしているだけではなく、身体がそのまま私だと言ってもよいかもしれません。そしてこの私が「身体」という道具を通して世界と繋がっているのではなく、世界全体が私の身体であり、私と世界を切り離すことはできないという発見もしました。「私＝頭の中の主観」が身体という「道具」を持っているというのは誤りで、「この身体がそのまま私だ」という気づきです。それまで自分が籠もっていた殻から脱出する方法を、やっと見つけた気がしました。また殻からの出口は現実への入口でもありました。自分の人生を自分で歩もう、と初めて思ったのはその頃です。

当時参加していた坐禅サークルのメンバーは、私の寮の先輩や同輩十五人ほどでした。

週に何回か夕方に坐禅が行われましたが、坐った後、先生に必ず感想を聞かれました。

「今日はどうだったか。自分を見つめることができたか」

先生はよく「真ん中」という表現を使い、坐禅はこの「真ん中」に立ち返ることだと言っていましたから、「今日は自分の真ん中を見つけたか」とも聞いてきました。私は毎回「まだ見つけていません。すみません」と答えざるをえませんでした。他の生徒たちは、「自分の真ん中に美しい花畑を見つけ、そこを歩いた」とか、「自分の真ん中で黄金の振り子が静かに揺れていたので、それをじっと眺めた」とか、素晴らしい経験をしていたようですが、私にはそのような経験は訪れませんでした。しかし、自分の身体を感じ取るという気持ち良さを確かに感じていたので、しばらく坐禅会に通い続けました。

ドイツのZEN

坐禅会に通い始めて約一年経ったある日。先生は私の部屋に来て、椅子に腰掛け、話し始めました。

「私はもうここでの仕事を辞めようと思う。問題はサークルをどうするかということだが、後のことを君に任せたいのだが……」

私は耳を疑いました。十五人のメンバーのうち、「真ん中」も何も得ていないのは私だけです。どうしてこの私がリーダーに選ばれるのでしょうか。先生に自分が適任ではないことを訴えましたが、「君はきっと大丈夫だ」と譲りません。

そこまで言われたら断るのも失礼だと思い、やってみることにしました。先生が寮を去った後、私が責任者として部屋の準備をしたり、時間を計ったり、皆が坐禅をしやすいように努めましたが、はたして適任であったか、まったく自信はありませんでした。

禅について書かれた本を読むようになったのはそれからです。

意外に思われるかもしれませんが、欧米では古くから鈴木大拙の本をはじめ、禅関連の本が多く出版されています。またすでにドイツには多くの禅道場がありました。

ここで少し、ドイツにおける「禅事情」をご紹介したいと思います。

ドイツ人が初めて仏教の戒律を授けられてから、この頃すでに八十年以上が経っていました。一九〇三年にバイオリニストのアントン・ギュートがビルマで出家し、比丘《びく》「ニヤーナティローカ」となり、その後はセイロン（現在のスリランカ）を中心に活躍し、一九二〇年から一九二六年の間は日本にも滞在しました。一九二八年には、ブルーノ・ペツォルドというドイツ人哲学者が、上野の寛永寺で出家得度を受けて「徳勝」という僧名を授かりました。死後、天台宗より「権大僧正」という位まで授けられています。

同じ一九二〇年代に東北帝国大学で教鞭を執ったオイゲン・ヘリゲルもドイツ人哲学者で、阿波研造《あわけんぞう》を師として弓の修行に勤しみました。戦後一九四八年に出版した『弓と禅』は大ヒットし、英語を始め二十ヶ国語に訳されました。欧米で禅ブームを巻き起こしたのが、鈴木大拙の一連の書物とこの『弓と禅』だったと言ってもいいでしょう。

他にも、宣教師として日本にきて、仏教と関わっているうちに禅に魅了され、やがて自ら修行するようになったカトリックの神父を中心とした、「キリスト教的禅」のムーヴメントがあります。中でも一番知られているのが、フーゴー・ラサールというイエズス会の神父です。一九二九年に来日、上智大学で教鞭を執り、一九三九年から広島に赴任して、そこで一九四五年に投下された原子爆弾に被爆しました。一九四八年日本に帰化、愛宮真備《えのみやまきび》と名前を変えました。一九九〇年九十一歳でその生涯を終えるまで、「キリスト教的禅」の普及に努めた人です。

その教えの特徴のひとつは、「禅は仏教ではなく、宗教のあらゆる境界線を超えた普遍的な知恵である」という主張です。つまり、フーゴー・ラサールとその信奉者はキリスト教を捨てることなく、むしろ禅をキリスト教の中へ取り入れようとしたのです。

昔は、キリスト教の中にも禅に似た神秘主義がありました。特に、十四世紀初めに活躍していたエックハルトの残した語録はよく禅と比較されます。ところが、その言葉こそ残っていますが、神秘主義の伝統は異端視され弾圧されて、やがて廃れていきました。現在の「キリスト教的禅」にも、キリスト教の教会からは批判の声があがっています。「キリスト教の中に異質なものを取り込むな！」という主張です。先生が寮の指導員を辞めなければならなかったのも、そのためでした。

現在では、キリスト教への信仰を深めるための禅というよりも、宗教のオルタナティヴとして、禅を求めるドイツ人が多いのではないでしょうか。つまり、宗教というより、身体技法として禅に親しんでいるのです。そのような人の多くがヨガや太極拳、あるいは合気道、柔道や空手といった日本の武道に興味を示していることからも、それがうかがえます。欧米の宗教や哲学で、あまり重要視されないのが身体への関心です。だからこそ禅仏教の「理屈ではなく、信仰でもなく、形から入る」というアプローチが新鮮に映るのでしょう。

ヨーロッパで禅を広めた弟子丸泰仙《でしまるたいせん》という人は六〇年代後半、フランスに渡り坐禅を教え始めました。当時欧米で流行っていたヒッピーの文化にも大きな影響を与えました。彼が一九八二年にパリで亡くなった時点で、二千人が頭を剃り、彼の弟子になっていたほどです。そのグループは、フランスを中心にヨーロッパ全土で多くの道場を構えています。私の出発点は「キリスト教的禅」でしたが、大学生になってからは弟子丸関係のグループに通いました。十九世紀の終わりに建てられた、ベルリンの五階建ての旧工場のロフトに畳式の禅堂があり、木製の床と玄関横に下駄箱という日本風の道場に毎朝十人から二十人、週末には三十人ほどが集まりました。

禅僧になりたい！

話が逸れました。

そのようにヨーロッパではすでに禅仏教が普及しつつあったので、私が関連の書籍を漁るのに、さほど苦労はしなくてもよい状況にあったのです。ブラウンシュヴァイクの図書館には、二十世紀初めに出版された「阿含経《あごんきょう》」（註　釈尊の教えに一番近いといわれている、最も古い仏典。南方仏教の依経）の古びたドイツ語訳も並んでいました。ヘルマン・ヘッセの小説でしか知らなかった「シッダールタ」の本当の姿を知ったのも、その時が初めてです。

シッダールタ、つまりのちの釈尊はインドの北部にあった小さな王国の王子として生まれたそうです。何の不自由もなく育てられて、欲しいものは全て手に入れていたはずです。それにもかかわらず、彼の求道のスターティングポイントとなったのは「苦」の体験です。釈尊はある日、馬車に乗って町の東西南北のそれぞれの門をくぐったそうです。そこで目にしたのが、老人、病人、死人、そして修行に励む行者の姿でした。そして彼はそれまでに考えもしなかったような問題意識を持つようになり、自らもやがて出家の道を選ぶことになります。

釈尊が体験した「苦」とは何だったのでしょう。一般に日本語で言われる「苦しみ」や「苦難」とは違います。王子の生活が苦しいものであったはずはありません。しかし、若きシッダールタが気付いたのは、手に入れていたものは全ていずれ手放さなければならない、ということでした。つまり、自分の人生は自分の思うようにはならないということ。そして、それが分かったときには、釈尊は大きな物足りなさを体験したはずです。その物足りなさを彼は「苦」と表現し、彼の出家の動機になりました。

この話を読んで、私はシッダールタに強い親近感を抱きました。私もある意味では何の不自由もない青春時代を過ごしましたが、そこには絶えず言いようのない息苦しさがありました。キリスト教は「隣人を愛せよ」と教えていますが、私は自分の命すら愛せませんでした。釈尊の跡を辿れば何らかの解決が得られるのでは、と確信したのです。「Satori（悟り）」という日本語を知ったのも、その頃です。その言葉に出会い、「これは私がずっと探していた答えかもしれない、悟れば人生の意味も分かってくるはずだ」と直感的に思うようになりました。しかしなまじ知識を得たことで、最初は純粋だった坐禅が、「悟るための手段」となってしまいました。それから高校を卒業するまで、私は必死にこの「悟り」を追いかけるために、坐禅を続けたのです。

こうして日増しに仏教への関心が高まっていきました。ついには高校卒業を目前にして、将来は禅僧になるというビジョンを持つに至ったのです。

高校を卒業して日本に渡り禅僧になるべきか、ドイツの大学に行ってから日本の寺に入門すべきか、しばらく悩みました。ドイツでは小学校入学から高校卒業まで十三年間かかります。日本やアメリカより一年間長く、高校を卒業した時点で十九歳です。大学も日本でいう四年制ではなく、いったん入学すれば、修士課程を終えるまで卒業できません。私の両親のように三十歳前後まで大学に残る学生も決して珍しくありません。しかし私は、そんなに時間の猶予はないと思いました。とにかく、すぐにでも日本に渡って、禅僧になりたかったのです。

日本に行き禅僧になりたいと言うと、父親にも友達にも「やめた方がいい」と忠告されました。困った私は、坐禅をするよう誘ってくれた先生に相談することにしました。先生に打ち明けると、「まず世間で就職ができるような資格を取った方がいい。世間で通用しない、社会に馴染めないという理由で、仏門に入る人が多すぎるから」とアドバイスしてくれました。

生きていくためにはいずれ就職しなければならないという、ごく当たり前の考えは、それまで私の頭を横切ることすらありませんでした。先生が言われたのは、就職ができず仕方なく寺で居候している人もいるが、お前はいつ社会に戻っても生活できるようにせよ、ということです。そう言われた私は、びっくり仰天しました。

一般社会で生活ができない人が、仕方なく禅寺で居候!?

私が想像していたのは、全く逆です。「禅寺」はむしろエリート的な世界にあり、一般社会をはるかに超越した世界だと思っていました。そこで修行している禅僧たちは、俗人の分からないことをすべて見通すスーパーマンのようなものではないのか。禅が分かればすべてのことが可能なはずではないのか。何で今から就職を心配しなければならないのか……。

禅的生活の理想に燃えていた青年には、ちんぷんかんぷんです。しかし、先生に「もう少し待った方がいい、まず大学に行って日本語でも学べ」と強く諭されたので、迷いながらも大学への進学を選びました。

今から思うと、もし当時十九歳だった私がすぐに日本で師匠を捜し、弟子入りして、仏門に入ったとしても、うまくいかなかったと思います。それよりは、大学に入学して日本語をある程度勉強して、道元禅師の著作をはじめ禅の基本について多少なりとも学習してから禅僧になる、というプロセスを選んで良かったと思います。詳しくは後述しますが、十九歳の私には、日本の仏教がどれほど堕落し、デタラメな禅僧がどれほど多いか、想像もできなかったのですから。

二人の祖父の影響

ここで私が大きな影響を受けた二人の祖父の話をしたいと思います。

ブラウンシュヴァイクの寮に住んでいた高校時代、牧師だった母方の祖父はもうすでに引退しており、自転車で一時間ほど離れた田舎町に住んでいたので、週末によくこの祖父母のところに遊びに行きました。牧師であった祖父からみれば、坐禅は単なる内省の手段であり、しょせん個人の自己満足に過ぎない。そんなことよりも、人のため、社会のために働くべきだと私に忠告してきました。まことにキリスト教の精神にのっとったアドバイスであります。ただ私は、坐禅によって初めて「世界への入口」を得たようなものでしたから、それ抜きで人のために働くことこそ、自己満足に終わりかねないと考えていました。それでも、坐禅を自己満足で終わらせてはいけないという問題意識を持ったのは、この祖父のおかげだったと思います。

高校、そして大学在学中に私を経済的に援助してくれたのが、父方の祖父でした。彼は、出家して禅僧になるという私の夢に積極的に賛成し、後押ししてくれました。

父方の祖父は、第二次世界大戦の終盤、家族を北イタリアのチロル地方に置いて、自身はポルトガルに渡りました。リスボン大学医学部の留学生という名目でしたが、実質はナチスドイツのスパイだったようです。祖父は晩年になって初めて、そのことを私に打ち明けてくれました。彼のポルトガルでの任務は、世界初の抗生物質であるペニシリン生産の秘密を、イギリスの医学生から盗むことだったそうです。当時のポルトガルは中立の立場にあり、大学には世界中から留学生が集まっていましたから、英米の多くの負傷兵や戦傷者を感染症から救ったペニシリンの情報が得られるのではないかと、ドイツの当局は目論んでいたそうです。結局、祖父はその任務に失敗したようです。

戦争が終わっても、祖父は私の父を含む四人の子供を南ドイツの全寮制学校に預け、妻と二人でポルトガルで暮らし続けました。彼の国籍はドイツですが、生まれたのは実は日本の東京です。技術者であった曾祖父が日本で仕事をしていたからです。曾祖父は三井財閥に属し、外国から機械類の輸入を担当、日本で私の祖父を含め三人の子供をもうけました。一九一四年、家族とシベリア鉄道に乗り、久しぶりにドイツへ帰省しようとしていたのですが、到着後すぐに第一次世界大戦が勃発し、二度と日本に戻れない身となりました。曾祖父は、戦争中に肺炎を患い亡くなりましたが、日本人のメイドである「アサ」を含む家族は、その当時まだオーストリアの領土であった、南チロルのアルプスで暮らし始めたのです。

曾祖母は文化人で、オーストリアの詩人リルケとの文通に没頭していました。リルケに、岡倉天心の『茶の本』（一九〇六年）を紹介したのも曾祖母でした。家事と子供の世話はアサさんに任せきり。祖父は、曾祖母よりも母代わりだったアサさんの逸話をよく口にしていました。ポルトガルで住んでいた家に「ヴィラ・アサさん」という名前を付けたほど、祖父はこの日本人メイドのことを大事に思っていたのです。

余談ですが、アサさんは一九七二年にアルプスの小さな山村で亡くなるまで、一度も国に帰ることなく、ずっとネルケ家の子供や孫の世話をし続けました。私の祖父とその兄弟、父を含む祖父の四人の子供も若い頃アサさんの手で育てられたそうです。

祖父は、四歳までしか日本に滞在していませんでしたが、その後、オーストリア、イタリア、ドイツ、ノルウェー、フィンランド、最終的にはポルトガルという移動生活が長く続き、祖国と言える国のなかった彼にとって、日本が心の故郷であった気がします。日本で禅僧になりたいと願う私が、この祖父の話を聞いて、日本という国に勝手に縁を感じてしまったのも、仕方のないことかもしれません。

これまではあまり意識していませんでしたが、ある意味では、私は母方の祖父から宗教との縁、父方の祖父から日本へのあこがれを受け継いだのかもしれません。

はじめての来日

ドイツの高校の卒業は六月です。大学入学は四月と十月のどちらでも可能で、それまでの期間何をして過ごすかは、自分で決めることができます。十月までの約三ヶ月間を、私は日本で過ごすことに決めました。少しでも早く日本の文化に触れて、禅の心を学びたいと思ったのです。鎌倉や奈良の大仏を参拝したり、京都の南禅寺や竜安寺の庭園を拝観したり、できれば本物の禅寺で坐禅がしたいと、期待に胸を膨らませていたのです。

ホームステイ先は、栃木県宇都宮市にあるSさん宅でした。ところが何の皮肉か、私を受け入れてくれたSさんのお宅は、熱心なキリスト教信者だったのです……。

若かった私が日本に「禅の心」を求め、大いに期待していたのと同じように、Sさんたちもまた、プロテスタントの「本場」であるドイツから来た私に期待していたようです。彼らは私を地元の教会に連れて行き、ミサの後には心配そうに聞いてきました。

「日本の教会のミサはどうでしたか？　ドイツの方がやはりしっかりしていますか？」

……私には答えようがありませんでした。おそらくドイツよりも日本のクリスチャンの方がしっかりしているとも思えましたが、そもそも私はキリスト教にうんざりして日本に来ていたので、日本のキリスト教がどうであるか、まったく興味がありません。それよりも日本の禅、そして仏教について知りたかったのです。しかし「お寺に行きたい。

坐禅がしたい」と頼んでも、Sさんは「そんなものはつまらないよ、坐禅なんかしなくてもいい。あなたの国のキリスト教の方が優れている」と相手にしてくれませんでした。また、仏教にかかわらず日本文化なら広く何でも知りたいと思っていた私が、尺八や琴といった邦楽を聴きたいと言うと、Sさんは我慢できなくなったのか、ベートーベンのレコードをかけて、「若者よ、これこそ本当の音楽だ。黙って聴き入りなさい！」と怒り出す始末です。お互い期待が外れてがっかりしたのは、言うまでもありません。

日本で仏教が見つからない

仏教に無関心だったのは、Sさんだけではありませんでした。知り合った日本人の若者に仏教のことを聞いても、大概は「知らない、興味ない」と言うばかり。「おかしいな、ここは『禅の国』なのに。金閣寺や銀閣寺のある日本ではないのか」と不思議に思いましたが、誰も真剣に取り合ってくれません。坐禅のできるお寺を探しても、なかなか見つかりません。

とうとう思い余って、大きな段ボールにマジックペンで「ＫＹＯＴＯ」と書き、宇都宮からヒッチハイクで京都まで行きました。京都に行けば、本当の日本の文化や禅が見つかるはずだと思ったのです。しかし坐禅を体験できたのは、龍泉庵という大徳寺の塔《たっ》頭《ちゅう》一ヶ寺だけでした。他のお寺は、檀家さん以外はお断りと堅く門を閉めていたか、観光寺として入場料を取って石庭を案内するかのどちらかでした。

本当の仏教は見えないところに隠れているのではないかと血眼になって探したのですが、見つけることができませんでした。見つからなかったけれど、「本物の仏教、本物の禅」は、きっと日本のどこか、山の奥にでも潜んでいると私は疑いもしませんでした。

なぜ、かくも日本人は仏教に無関心なのか——。

当時は不思議でなりませんでしたが、今から思えば、それも分かるような気がします。日本のお坊さんは、もはや一般の人に仏教を広める「聖職」にあらず、単にお寺の管理人兼葬式法要を執り行うサービス業に成り下がってしまっています。日本の若い人が既成仏教に救いを求めないのも、不思議でも何でもなく、当然のことです。それは、若い日本人が自分の生き方に悩み苦しんでいないからではなく、お坊さんが悩み苦しみを超えた生き方を提唱していないからです。実際、私と同じような悩みを抱えた日本人は多くいると思います。

「どう生きたらよいか分からない。なんのための人生か？　そもそも、自分とは……」

ドイツに生まれ育った私は、たまたま禅と出会うことになり、人生の方向が決まりました。私は仏教に救われたといってもいい。けれど、せっかく仏教国である日本に生まれながら、なぜ日本の青年たちはかくも仏教との縁がないのでしょうか。

焦燥の大学生活

計画通り一九八七年の秋にはドイツに戻り、ベルリン自由大学の理学部と文学部の両方に入学しました。当初は物理学と哲学、日本学を中心に勉強しました。日本学を選んだのは言うまでもなく、日本語を学び、あらためて日本に行く準備をするためです。

哲学を専攻したのは、仏教を理解するためには西洋哲学も勉強した方がよいと思ったからです。「自分とは？　人生とは？」といった根本的な問いを扱うのが、哲学の本来の目的ですから。物理学を選んだのは、当時流行していた『タオ自然学』という本の影響です。「現代物理学の先端から〈東洋の世紀〉がはじまる」という主張が象徴的でした。

「物理学、哲学と坐禅という三本の道を同時に進み、新しい世紀をこの僕が創造し、できれば将来ノーベル賞も取ろう！」と意気込み、現代物理学と東洋思想の類似性を追求しようと思ったのです。今思うとまことに浅はかな考えで恥ずかしいのですが、元々数式も物理も好きだったので、その道に新たな可能性を感じ、我が身を弁《わきま》えることを知らなかったのです。

ドイツの大学では非常にのんびりと勉強ができます。しかし私には、焦りがありました。なるべく早く単位を揃え、卒業したかったのです。朝と晩、それぞれオートミールに牛乳をかけるだけという、金も時間もかからない二度の食事を済ませて、昼はずっと大学に詰めていました。勉強の他には毎日、近くにあった坐禅道場に通うだけの日々です。何しろ、道の向こうに〈悟り〉が私を待っているはずですから、それ以外のものは必要なかったのです。

入学して二年間で基礎的な勉強を終え、修士課程の専門的な研究に入りました。日本学、哲学と物理学のそれぞれの修士入学試験に通ったものの、そこでそれまでの自分の考えの甘さにすぐに気付きました。素粒子のことを専門的に研究するのであれば、そのことだけに集中しなければいけません。「タオ」だの「東洋の世紀」だの、そんな回り道が許されるはずがないのです。哲学にしても日本学にしても同じこと。いずれかの分野で、頂点に至る道を登り続けようとするのであれば、道を一つに絞らなければなりません。そして私は「禅」、つまり日本学の勉強一本に絞ったのです。

腹は決まったものの、少しでも早く大学を卒業したいという焦りとともに、再び日本で道を求めるのに、修士課程が終わるまではとても待っていられないという思いも募りました。理屈だけの勉強にはそろそろウンザリし始めていたのです。

第二章　憧れの修行生活

門前払い

一九九〇年、二十二歳の時にベルリン自由大学を休学して、京都大学教養学部に留学することを決意しました。目的はもちろん、「本物の禅」に触れるためです。ドイツでも、東京大学と京都大学が優れた大学として知られていましたが、東大は将来の官僚やエリート・サラリーマンの養成所、対して、研究に打ち込み将来ノーベル賞を目指す気概のある者は京大で学ぶと言われていました。京都の方が寺も多く仏教との距離も近いだろうと、迷わず京大を選びました。

ところが、京都大学での生活は意外にも退屈なものでした。ドイツの大学は入学が容易な分、卒業するためには猛勉強をしなければなりません。日本の場合はその逆で、入学するための受験勉強は猛烈にするけれど、入学したら、ほとんどの学生が学業を疎かにしています。モラトリアムと言えば聞こえはいいですが、彼らは最後の青春を楽しんでいるだけのように、ドイツの大学から来た私の目には映ったのです。

肝心の「本物の禅」はというと……、なるほど、観光客向けの禅寺はたくさんありますが、一般の人も修行に参加できるような道場は皆無に等しかったように思います。お坊さんはビジネスマンにしか見えず、彼らは坐禅よりも葬式法事の「お勤め」に熱心で、道場に活力があるようには思えませんでした。

一緒に坐禅をさせてほしいと、いくつかの禅宗の本山に飛び込みでお願いをしましたが、どこでも「こちらはお坊さんの専門僧堂だから、お前のような留学生を参加させるわけにはいかない」と断られました。数年後、実際にその中のひとつに一年間雲水として「掛搭《かた》」（註　僧堂に入門すること）をしましたが、その時ようやく一般に門を閉ざす理由が分かりました。何もそれは専門僧堂の修行のレベルが高いからではなく、一般に知られては困るいろいろな裏事情ゆえのことなのです。その話は後ほどいたします。

お前は「現成公案」も知らないのか？

仕方なく私は、京都市から電車で一時間ほど離れた、園部という町にある昌林寺に通うことにしました。昌林寺はベルリンの坐禅道場から紹介されたお寺です。そこの「京都曹洞禅センター」には、私のような外国からの参禅希望者も多く集まっていました。五日間ぶっ通しで坐禅を無言で行う、「接心」も月に一度ありました。接心はドイツでも何回か経験していたのですが、これほどハードなスケジュールで行うのは初めてのことでした。朝の四時から夜の九時まで、三度の食事を除いては、ただただ壁に向かって黙って坐るのみ。足は痛み、頭の狂いそうな妄念が浮かんでは消え……。

すでにドイツで六年以上の坐禅経験がありましたが、それはまさに地獄でした。しかし、地獄だからこそやってみる意味がある、この地獄を経験しなければ、私の問題は解決されることはないと思いました。ここが唯一の希望とばかり、夏の二ヶ月間、昌林寺の修行生活に参加することを決めたのです。なぜ、そんな生活に夏休み中の留学生が進んで参加するのかと、みなさんはお思いになるかもしれませんが、これこそが「本物の禅」を求めて禅寺に来た私の願う「修行」だったのです。

思い描いていた修行生活について、私が大きく誤解していたことに気が付いたのも、このときのことです。それまでの私は、師匠や先輩のお坊さんが手取り足取り仏教の奥義を教えてくれると思い込んでいたのですが、それは大きな間違いでした。

入門してすぐに、参禅者の食事を作る「典座《てんぞ》」（註　禅寺の台所、または料理人）の手伝いを命ぜられました。それまでスクランブルエッグ以外の料理を作ったことのない私は、人様に美味《おい》しく食べてもらえるだけの料理が作れるのか不安でした。少なくとも一週間は、料理のイロハを教わるのだろうと思ったのですが、頼りにしていた相棒のスウェーデン人は、三日後に「暑くて蒸し蒸しするから」と寺を早々に去ってしまい、私が一人で事に当たることになりました。しかしたった三日の手伝いで、料理ができるようになるわけがありません。

納得のいかない私は、和尚さんに「どうして私が参禅者のために料理ができようか。まずは誰かが私に料理を教えるのが道理ではないか」と訴えると、和尚さんは、「これこそが道元禅師の言う『現成公案《げんじょうこうあん》』やないか。『正法眼蔵《しょうぼうげんぞう》』を読んどかなあかんやろ」と突き放しました。

「現成公案」とは、曹洞宗の開祖である道元禅師の主著『正法眼蔵』の中の一巻のことです。道元禅師は、もともと天台宗で得度し、二十代で禅の本場中国に学びました。帰国後、天台宗から独立して越前（現在の福井県）に永平寺を建立し、「只管打坐《しかんたざ》（註 ただ坐ること）」を挙揚《こよう》します。その主著である『正法眼蔵』は長く読み継がれており、いわば曹洞宗の「バイブル」的存在です。「現成公案」というのは、曹洞禅を学ぶ者からすれば、基本中の基本。中でも、もっとも端的な表現はこの一節です。

「仏道をならふといふは、自己をならふ也」

自己の探求は、そのまま仏道（仏の自覚）の探求です。仏道を歩まなければならないのは、この自分であり、この自分が眼を覚まさなければ、仏道は何処にもないということです。そしてその場は「今、ここ」の生活の場です。特に道元禅師の曹洞宗は、食事や洗面など生活におけるあらゆる行為すべてを修行とみなし、そこでの作法を細かく指示しています。「料理を教えてくれない」とふて腐れていた私が、「現成公案」の境地から遠く離れていたことは言うまでもありません。

安泰寺へ

昌林寺に滞在中、ジョージというアメリカ人から、兵庫県の山奥にある安泰寺のことを耳にする機会がありました。彼は二週間余り安泰寺で過ごしたようで、そこでは自給自足の生活を守り、雲水たちは深い三昧《ざんまい》（註 サマーディ。「等持」や「定」と意訳される。身も心も一つの行為になりきっていること）を二十四時間リアルに実践していると私に語ったのです。また、昌林寺の和尚も安泰寺のOBだということを聞きました。自給自足の生活、月に二回も行われる接心、どれも私が夢にまで見た修行生活です。

安泰寺に恋焦がれた私は、京都大学での勉強を投げ出して、秋から春にかけての半年間をその修行道場で過ごそうと決めました。

一九九〇年の九月三十日、安泰寺へと出発しました。ワクワクした気分で、京都駅から朝一番の山陰本線に乗り、日本海側の兵庫県浜坂へと向かいました。城崎を越えると天気が荒々しくなり、電車が風に揺られ、窓の下には日本海の岩場にたたきつけられる波が見えました。電車は、まるで空を飛ぶように、有名な余部《あまるべ》鉄橋を通過していきました。

その日は、日本列島を縦断した台風十九号上陸から、十日が過ぎた頃でした。秋雨前線と台風上陸が重なり、浜坂では多くの家屋が浸水し、川沿いにある田んぼのほとんどが流されるなど、大きな被害を一帯にもたらしていました。私はその痛ましさの残る風景を物珍しそうに眺めながら、駅からくねくねと山道を行くバスに揺られていました。

バスを降りると、雨の中で恵海さんという雲水が私のことを待っていてくれました。普段、参禅希望者を雲水がわざわざ迎えに来ることはありませんが、このときだけは特別でした。バス停から寺までの山道は、台風で完全に流されてしまい、倒れた樹木や山から落ちてきた岩を避けながら、悪路を四キロも登っていかなければなりません。川も増水し、当然橋などあるわけもなく、雲水たちが数日前に置いたばかりの丸太を渡るしか方法はありません。

道中、恵海さんが立ち止まり、「大変でしょう?」と私に尋ねました。私は「いいえ、大丈夫です」と答えたのですが、彼が聞いたのは〈私が大丈夫かどうか〉ではなく、歩いている参道を含む寺の被害に対する感想を求めてのことだったようです。それはもちろん、即答できるものではありませんでした。しかしこのとき私は、不謹慎にも「下界と遮断された、山の中の禅道場。なんて素晴らしいんだろう」と呑気なことを考えていたのです。

安泰寺は自給自足を目指していますが、油や醬油、砂糖、塩などといった生活必需品は、どうしても浜坂駅近くまで行って購入しなければいけません。農機具のためのガソリンもまたしかり。もちろん郵便も宅配便も届きません。それらを手に入れるためには、今歩いてきた片道四キロの険しい山道を往復しなければいけません。

修行生活のスタート

寺に着くと、ずぶ濡れだったため、他の雲水たちへの挨拶もそこそこに、まず風呂に案内してもらいました。驚いたことに、それは五右衛門式の風呂でした。しかもお湯は、ほとんど泥に近い茶色。風呂の水だけではありません。水道から出る水すべてが濁っていたのです。それはもちろん台風の影響です。台風は、道や田圃を流しただけではなく、生活水を汲《く》み取っているダムを、泥や石、流木などで埋め尽くしたのです。

風呂から上がると、まず安泰寺の堂頭《どうちょう》さん（註　僧堂の責任者。いわゆる住職）にお目にかかることになりました。堂頭さんは当時まだ四十二歳、安泰寺で過ごした年月も十五年と、それほど長くありませんが、目つきが鋭く男盛りという感じでした。出身は徳島県で、高校卒業後は神戸のチーズ会社にしばらく勤め、一九七〇年からヨーロッパやニューヨーク、アラブ、インド、タイ、オーストラリアを四年間旅して、やがてそうしたヒッピー生活から卒業しようと出家の道を選んだといいます。三年前、安泰寺の堂頭になったときに結婚したそうですが、子供はいませんでした。彼は口で細かく説明するようなタイプではなく、黙々と働くことで、リーダーシップを示していました。

堂頭さんは開口一番、「何をしに安泰寺に来たの？」と聞いてきました。

「禅を学ばせてもらうために、そして修行をさせてもらうためです」

私は優等生らしく答えたつもりでしたが、堂頭さんは目を光らせて、

「安泰寺はお前が創るんだ」

と、衝撃的な言葉を私に投げ返しました。それは、試合開始のゴングと同時にKOパンチを食らったような衝撃でした。驚いた私の顔を見て、彼はなお続けました。

「『安泰寺』という既製品がここにあるのではない。ここにあるのは、お前が創る安泰寺しかない」

この言葉は後ほど、修行生活をおくる私にとって、大きな指針となったのです。

この日はすでに日も暮れ、明日からの修行に備えて早く休むことにしました。その夜のことを今でも鮮明に覚えています。安泰寺は山の中にぽつんとあるので、半径数キロの周囲に人家や施設はありません。それにもかかわらず、夜中にどこからか騒がしげな音楽が聞こえてくるのです。街中よりもうるさい騒音です。しかもその夜は一晩中、英語で「ハレルーヤ！　ワァーオ！　キャーッ！」とゴスペルらしき歌声が響いていたのです。てっきり山の頂上に、教会でもあるのではないかと思ったほどです。その理由は後に分かるのですが、緊張もあったため、まんじりともせぬまま朝を迎えました。

さあ、翌朝から、いよいよ修行生活のスタートです。

それはちょうど月に二回行われる接心の初日でした。スケジュールは昌林寺にも増してハードでしたが、それこそ私が望んでいたものです（註　安泰寺の二回の月例接心は、通常五日間もしくは三日間続く。一日に五十分の坐禅が十四回行われ、期間中は完全無言、お経も唱えず、入浴もしない)。

しかしいざ坐禅が始まると――。どこからか高いびきが聞こえてきたのです。あろうことか、坐禅中に居眠りする人がいたのです。

当時、私以外に五人の雲水がいましたが、全員というわけではないにせよ、少なくとも三人は居眠りをしていました。ドイツからはるばる「本物の禅」を経験しに来た私にとって、このことは大変残念に思えました。ドイツでは一回の接心に二百人近くが集まることがありますが、居眠りする人はそうそういません。どうして坐禅中に居眠りができるのだろうかと、まったく信じられませんでした。

地獄の作務

五日間の接心が終わり、翌日作務《さむ》に出ると、夜中の騒音の原因が分かりました。私が入山したのは、ちょうど稲刈りが終わった頃で、庫裏《くり》の前に新米を架けて干していたのですが、それを狙って、イノシシが毎晩毎晩山を下りてくるのです。そのイノシシを怖がらせるためにラジオを大音量でかけていたようです。効果のほどは定かではありませんが、少なくとも人間を眠らせない効果だけはありました。

安泰寺の作務は、想像を絶するほどの重労働でした。安泰寺以外の寺では、作務といえば寺の内外の掃除に留まり、実生活との深い関係はほとんどありません。しかし安泰寺は自給自足を目指しているため、雲水たちが生活するためにやらなければいけない仕事が山ほどあります。しかも私が入山したのは台風の後でしたから、できるだけ早く以前の状態に復旧させることが求められました。

接心の後、三日間は泥や石などのダムの異物を取り除く作業に終始しました。早くきれいな生活水を取り戻すため、雲水たちは必死です。雨がザーザーと降り続く中、日がとっぷりと暮れるまで作務を行いました。寺から雨合羽を貸してもらいましたが、サイズが合いません。背中から落ちてくる水が、ズボンからはみ出たお尻の谷間に流れ込み、それはやがて足をつたって長靴から溢れます。何のための合羽、長靴でしょうか。背伸びして腕を上げれば、脇の下で合羽がびりびりと破れる音までします。筋肉痛で腿が腫れて、腰も痛みます。接心は坐禅中の足の痛みとの戦いでしたが、作務は全身を使った肉体労働で、まさに地獄でした。

作務を三日続けると「放参」と言われる休日があります。朝晩の坐禅はありませんが、ただのんびり休んでいる暇もありません。一般道までの四キロの道なき道を下り、自転車でさらに十二キロ離れた浜坂に行き、用事を済ませなければいけません。現金収入を得るため、寺で収穫した玄米を発送、郵便局で郵便物（この年の台風の後、約二年間郵便物は寺まで配達されませんでした）と送金された代金を受け取り、トラックやトラクターなどの機械用の燃料を購入します。寺に戻るときには、一人十八リットルのタンクを二つ背負って再び山を登らなければなりません。結局、この往復でクタクタになって一日が終わります。

放参が終わると、また再び作務の日々が続きます。倒れた木々を切り、薪小屋に運び、それらを典座や風呂用の薪に割ります。参道を直し、稲を脱穀します。畑での野菜作りは軽作業と見なされ、作務の日ではなく放参の日に回されました。どこかの農業や建設工事の現場より、はるかにきつい肉体労働の日々です。

つまり、私たち雲水の本当の休日は、坐禅ばかりを行う接心期間というわけです。接心だけが身体を休める絶好の日なのです。それに夜中に鳴り響くラジオの騒音による慢性的な睡眠不足もあって、坐禅中にグーグーといびきが聞こえてくる、というわけです。

ここで、当時の典型的な一日（如常の日）のタイムスケジュールをご紹介しましょう。

朝五時に起床すると、まずは「暁天坐禅《きょうてんざぜん》」（註　早朝の坐禅）を二時間行い、続いて広間で朝食をとります。お袈裟を掛けたまま正坐して、「応量器」（註　僧侶の伝統的な食器）を作法通りに並べ、音を立てずに黙って食事をいただきます。特に禅宗では、生活すべてが修行ですから、食事だからといってダラダラと話をしながら、ということはあり得ません。他の僧堂では、朝食にお粥が出されることが多いのですが、重労働が控えている安泰寺では、それでは体力が持たないので、玄米ご飯に、具のたっぷり入った味噌汁に野菜のおかず、というのが一般的なメニューです。

朝食を終えると作務を行います。昼食は十二時からで、これもまた他の僧堂と大きく違います。いちいち作業服から袈裟に着替える時間が惜しいので、台所の外側にある「外食堂」と言われている休憩部屋で昼食をいただきます。泥だらけの作業着のまま、てんぷらうどんを七～八分で平らげるのです。作務の延長がなければ、午後の四時過ぎにそれぞれの係の仕事（例えば、牛、山羊や鶏のエサやりなど）を済ませて、ようやくお風呂に入れます。五時の薬石《やくせき》（註　禅寺の夕食）までほとんど時間がありません。そして薬石の後がティー・ミーティング、六時から八時までさらに二時間の坐禅があり、これを「夜坐《やざ》」と呼びます。

安泰寺の雲水たち

「夜坐」の後、雲水の溜まり場になるのが外食堂です。翌日の暁天坐禅までは基本的に自由な時間で、いつ寝るかも個人に任されています。

雲水頭でもある典座の覚玄さんは、押入からなんと一升瓶を取り出しました。覚玄さんは当時四十歳で茨城県出身。元々は中学校の教師をしていましたが、三十歳のときに臨済宗の僧堂で得度、六年前安泰寺に掛搭しました。いわば同じ禅リーグの臨済チームから曹洞チームに移籍したわけです。このように修行僧が臨済門と曹洞門を行き来することは、戦前まではよくあったようですが、現代ではきわめて異例のことです。私も後に、この覚玄さんの強い勧めで、京都にある臨済宗本山の僧堂に入門することになります。覚玄さんは、最古参ということもあって、眼力といいオーラといい、それは凄まじいものがありました。

その覚玄さんが堂頭さんにお酒を勧めながら嘆きました。

「よく降るなあ。いつになったら晴れるんだろ。ここは一年の三分の二は雨じゃあないのかね」

「まったく、性格もいじけてしまうってもんだ」と堂頭さんもうなずきます。

「しかし、今回の台風の被害はひどいもんでしたね。一時はどうなることかと思ったけど、土砂や木の根っこで埋まっていたダムも、これでなんとか……」と発言したのは雷童さん。当時三十三歳で奈良県出身。書店に勤めていたそうですが、思うことがあって三年前に安泰寺で出家したようです。文才もあり活発ですが、坐禅中の居眠り名人でもあります。

堂頭さんは悲観的です。

「そううまくいくかな。ダムを掃除して、さあ新しい水だと思った途端、まさに感応道交《かんのうどうこう》（註　本来、仏と修行者、また教える者と教えられる者の気持ちが通じ合うことを指すが、この場合はむしろ逆で、いくら努力しても、本人を超えた力によって水の泡にされてしまうこと）、待ってましたとばかり泥水がどっと流れ込んで来たじゃないか」

「いやあ、あれには参った。しかし、なかなか思うようにいかねえもんだ。台風の前には、薩摩芋をイノシシに全部失敬されたし、この台風で、予定していたものが全部ご破算になってしまったんだから」という覚玄さんに、雷童さんが「こちらの意思通りにはいかないということを、はっきり現実として示されたようなものですね。『儘《まま》ならぬは諸法無我（註　仏教の根本原理のひとつ。全ての物事が縁起によってしか成り立たない様子。現実の物事にそれぞれ確たる主体がなく、全てが絶えず移り変わっていること）』の世界かな」と仏教的に解説すると、堂頭さんがまた皮肉たっぷりに「何気取っているんだ。しかし、まったく有難いご修行をなされておりますなあ、安泰寺さんは」

「今年はしんどい思いして草取りしたので、来年は少し雑草が減るかと期待していたのに、山田が流されてグランドキャニオンじゃないか。来年は山門下の田圃で初めっからやり直しだ」と、先日私を寺まで案内してくれた恵海さんは、当時三十三歳で群馬県出身。東北の大学を卒業してから農業の実習をしていましたが、六年前から安泰寺で修行生活をしていました。当時は、雲水の中のナンバー・ツー。釈尊のような生活がしたいと私に語り、「仏の恵海」という愛称通り、優しい性格で、アンパンマンのような丸顔、まさに菩薩のような人でした。

「こんなところで集まっている私たちって、一般社会から見た場合、よほどの物好きでしょうね」と、その年の夏から安泰寺に来ていた永心さん。彼も覚玄さんと同じく茨城県出身。永心さんは、以前ある地方僧堂で雲水として修行をしていましたが、先輩のいじめと仏道に相反している生活態度に耐えられず、飛び出しました。しばらく日本を放浪していましたが、やがて安泰寺に流れ着いたようです。

その後、酒が進むにつれ、話題は野菜の収穫から、湾岸戦争への自衛隊派遣の是非など、様々に飛び火します。黙って聞いていると、いきなり「どう、日本のピチピチギャルは？」と、雷童さんが私に話を振ってきました。

「何せ、接心は五日間頭の中で続くポルノショーですからね。楽しいことを考えないと損ですよ、ネルケ先生」

このように、夜坐の後、外食堂で交わされるやりとりが、雲水たちの本音を知る良い機会でした。話をしている内容はというと、たまに仏教用語がレトリックとして使われるものの、ほとんど農家の人が話している内容と変わりはありませんでしたが……。

彼ら安泰寺の雲水には、実家がお寺、という人間が一人もいませんでした。これは現代の日本仏教では珍しいことです。このことをもって安泰寺が、一般の檀家寺から「仏縁がない」と貶《けな》されることもしばしばありました。日本のお寺のほとんどは、檀家制度によって、徳川時代以来一定の檀家を持っています。寺を経済的に支えているのが、その菩提寺に属している檀家です。第二次世界大戦後、個人の宗教が保証された今でも、檀家が菩提寺を離れることはまれであり、寺と檀家の間の関係が、サービス産業とその得意先になっています。

しかし、世襲が出家の理由となる方が、私に言わせるとおかしいのです。在家として生まれ、現実生活の中でいろいろな気づきを重ねてから、自ら発願し出家するのが本来の仏教の在り方です。お寺に生まれて、気がついたらお坊さんの格好をして、父親を「師匠」と呼ぶなんて、私からすると大いなる茶番としか思えません。仏門と家業を混同しているだけで、それは元来の出家の在り方とは違うのではないでしょうか。

坐禅だけが修行ではない

安泰寺で経験した生活は、私の考えていた「禅修行」とは大きく違いました。まず何よりも作務がこれほどハードだとは思いませんでした。当時二十二歳の私は、「自給自足」という言葉に憧れを持っていましたが、実際には哲学書より重い物を手にしたこともない「もやしっ子」で、「野草」と「野菜」の見分けもつかないほどでした。そんな私ですから、雨の中で三日間泥や石を運んだだけで、すでに肉体的な限界に達していました。

また、初めて経験した稲の脱穀の影響でアレルギー性鼻炎になり、その年の冬までずっと咳をしていました。作務中も坐禅中も、そして夜中も咳は止まりません。脳みその中で空回りしている疑問の数々、胸の息苦しさ、頭で思い描いていた理想と筋肉痛で動けないこの身の現実のギャップ……。そんな三重苦の中、自分の居場所は坐禅をする一畳の畳の上だけでした。ここがはたして私が望んでいた修行生活の理想の場か……そんな疑問がなかったわけではありません。しかし私はそれでも山を下りようとは思いませんでした。

ある時、雷童さんが「お前は無神経だ」と指摘してくれました。その時は「無神経」という日本語の意味が分かりませんでした。今考えると、私が周りの空気を読めていないというだけではなく（もちろんそれもあったと思います）、「楽しく生きる」という多くの人が目標としていることを放棄している、その「鈍さ」を指摘されたのだと思います。ただ、この「鈍さ」が私の「しぶとさ」でもありました。「安泰寺の生活に耐えられなければ、死んだっていい」というあきらめに近い決心があったからこそ耐えられたのだと思います。

休憩時間に覚玄さんに言われた一言を、今でも覚えています。

「ドイツの坐禅道場は、そんな怠け者ばかりの集まりかい!?」

しかし私も決して怠けているつもりはありません。ただ、どうしても身体が追いつかないのです。それまで学校では成績も悪くなく、口も達者で生意気な人間だったので、半人前のことしかできない自分を認めざるを得なかったのは、初めての経験です。しかし、大変だったのは私ではなく、至らない私に足を引っ張られた他の雲水たちでしょう。私がたとえ一生懸命がんばっていたとしても、彼らにとっては足手まといにしかならなかったはずです。厳しい作務を経たことで、坐禅中にたびたび居眠りする彼らを、心の中で軽蔑していたことを反省しました。坐禅だけが禅の修行ではないのです。一切において自分を投げ出すことこそ、修行だということをいやでも体感させられました。

下山

寺が雪に埋もれる冬場には、輪講《りんこう》（註　雲水が交代で仏典を読み、解釈し、その内容についてディスカッションすること）が毎日行われます。当時読んでいたテキストは、道元禅師の「典座教訓」でした。その中で道元禅師は典座、つまり台所の仕事の大切さを力説しています。

道元禅師自身は若い時に「本物の仏教」を求めて、中国に渡りました。当時の日本人にとっては、滅多に得られないチャンスでした。天台宗の比叡山で大蔵経《だいぞうきょう》（註 経・律・論に分類されている仏教教典をまとめたもの。三蔵・一切経ともいう）を三回も読破しながら、「何のために修行をしなければならないのか」という疑問に対する答を得られなかった道元禅師にとって、命がけの旅であったはずです。

無事中国に到着しても、入国手続きにしばらく時間がかかったので、船に泊まることになりました。そこに、ある大きな僧堂の典座が訪れ、船に積んでいた日本の椎茸を買い求めます。「待ってました」と言わんばかりに、道元禅師は問答を仕掛けます。ところが、その典座は「明日の朝ご飯を作るために、早く寺に戻らなければならない」と、道元禅師の熱心な質問に応じようとしません。

「朝ご飯の支度くらい、誰だって出来るではありませんか。仏道を求めて私が中国まで来たのですから、今日は船で一泊して、いろいろ私のために教えてください。どうか、お願いします」と、道元禅師が頭を下げても、「どうやら、遠い外国から来た君は修行のイロハすら分かっていないね」と、その典座はあっさり断ります。

「では、その修行のイロハを今ここで教えて下さい」、と道元禅師が切にお願いしても、「その問題意識だけをいつまでも忘れないように」と典座は言い残して帰ります。

中国上陸を果たした道元禅師は後に、キノコを日干ししている別の老典座を目にしました。背中が曲がり、眉毛は真っ白でした。法齢は六十八歳だといいます。

「暑いのに、そんな年で労働などしないで、経典を学んだり、坐禅をしたりしたらどうですか。そんな仕事ぐらい、誰か別の人にさせたらいいではありませんか」と言うと、「ワシこそその当人だ！『誰か別の人』がワシの代わりになるはずがない」という答が返ってきます。

「それならこんな真っ昼間の炎天下ではなく、もう少し日が低くなってからすればいいのではないでしょうか」と問う道元禅師に、「今こそやらなければ、いつやるというのだ」と、老典座はとどめを刺しました。

このくだりを輪講の場で私が「道元禅において、今ここ、この自分が大事なんだ」と説明しようとしていたら、「もっと自分に引きつけて考えなさい」と注意されました。

「道元の哲学はどうでもいい。お前の生の声が聞きたい！」

もっともらしい理屈では済まされない、この私自身のことを表現しろというのです。

それまで、私は道元禅師に「知恵の小袋」のようなものを求めていましたが、このとき自分の人生が問われていることを再確認させられました。解決は本の中にあろうはずがなく、日々の生活の中に見出さなければなりません。これこそ入門当初に言われた「安泰寺はお前が創る！」ということだと理解しました。そのためには、道元禅師の書物も、先達のお叱りの声も必要ですが、最終的に問われているのは自分自身なのです。

入山から半年、一九九一年の春、当初予定していた通り、私は安泰寺を下りました。心の中ではすでに、大学を卒業してすぐにまたここに戻りたいと決めていました。そのときはもちろん、出家して雲水として入門するつもりでした。なぜなら、安泰寺で初めて私は生きる実感を得ていたからです。どこそこの会社のデスクよりも、ここにこそ私の創造すべき世界があると感じていたのです。

第三章　出家はしたけれど……

迷いと決断

一九九一年の春、安泰寺を下りた私はベルリンの大学に戻りました。なるべく早く日本での修行生活に戻ろうと、学業にけじめをつけるべく、修士課程の単位を取得し、修士論文を執筆しようと決意したのです。ドイツの大学では、二十五歳で卒業する者もいれば、四十歳になるまで学生生活を満喫する者もいます。大学生の高年齢化は、ドイツの社会問題になっているほどで、政府はアメリカや日本のように卒業を時限制にする大学制度を導入しようとしています。がしかし、「単位」や「卒業」という煩わしいことを考えず、研究にとことん打ち込むには、従来のドイツの大学制度は魅力的です。実際、私の両親も三十歳まで大学生でしたし、私の同級生もみな「そんなに焦らないで、もっとゆっくり勉強したら？」とアドバイスしてくれましたが、私は「とにかく一刻も早く、安泰寺に戻らなければ」という思いが強く、卒業を急ぎました。

卒論のテーマに選んだのは、前章でも触れました道元禅師の『正法眼蔵』の巻の一つ、「現成公案」です。「現成公案」の意味を簡略に述べると、「私と私を囲む世界はそのまま一つの真実であり、その真実を私の現実として刻々行じ顕わしていくこと」です。

論文の内容ですが、中世から現代にかけての「現成公案」についての様々な解釈本や研究発表を繙《ひもと》き、ある学者の説を批判したり、高僧の法話にいちゃもんをつけてみたり、「ああでもない、こうでもない」と、「現成公案」について数百ページにも及ぶ理屈を述べたものです。

意外なことに、この論文が評価されてしまいました。奨学金を出すから、もう一度京都に行って研究して、それを今度は博士論文としてまとめてみないかという誘いを受けたのです。すぐに安泰寺に戻り、修行生活を再開することしか考えていなかった私でしたが、この誘いにぐらついてしまいました。なんとその奨学金の内訳が、研究の成果如何を問わず、毎月三十五万円を一年間支給するという破格の条件だったからです。

私は大いに迷いました。そして、イタリアにいる、ある日本人僧侶を訪ねることにしました。その人のことは、帰国直前に安泰寺で覚玄さんに教えてもらっていました。

「ヨーロッパへ戻るなら、一度大藪先生のところを訪ねるといい。先生はヨーロッパを股にかけながら、日本仏教を批判し続けているのだ」

大藪先生は安泰寺の堂頭さんの師匠、つまり先代の安泰寺の堂頭です。一九八七年に四十五歳という若さで引退、三人のイタリア人の弟子を連れてヨーロッパに渡っていました。自分の将来を相談するとともに、大藪先生がヨーロッパでどのような活動をされているのか、自分の目で確かめるために夏休みを利用してイタリアまでヒッチハイクしていきました。その住まいに着いたとき、三人いるはずのイタリア人弟子のうち、一人はすでに自分の道を歩み始め、もう一人は私が来る前の日に逃げていったとのことでした。そこにいたのは、先生とその家族、弟子の孤雲さんの家族だけでした。

最初は「暗い顔して何をしに来たんだ！」と突き放されましたが、「まぁ、うまいワインがあるから、それを飲みながら話でも聞こう」と食卓に呼ばれました。

私が、ヨーロッパでどのような活動をしているのかと尋ねると、先生は、「坐禅は安泰寺で存分にやったから、もうしない。何もしない。弟子に道元禅師の『正法眼蔵』をイタリア語に訳してもらっているだけだ」

「それなら、作務の手伝いでもさせてください。安泰寺でかなり鍛えられましたから」

「作務？　ここはイタリアだよ。作務なんかしない。第一、お前は真面目すぎる。ドイツ人のそのクソ真面目はよくない。イタリア人を見習いなさい。俺はイタリアに来てやっと悟ったのだ、『坐禅は遊び』だと。しかし、そんなことを弟子に教えなくても、彼らはもう知っている。むしろ安泰寺の連中にそのことを教えてやりたい」

「実は、その安泰寺に弟子入りしたいと思っているところなんですが……」

「やめておけ、このアホ。坐禅は遊びだといっているだろう。遊び！」

そして一週間ばかり、観光地や海水浴に連れて行ってもらい、楽しい夏休みを過ごさせてもらいました。大藪先生とは後に日本で再会しますが、初対面のこのときのように、最後まで振り回されっぱなしでありました。

それまで固かったはずの決心が、大藪先生の「坐禅は遊びだ！」という言葉や、使い切れるはずのない奨学金のために揺らぎ、結局私は、再び京大に籍を置くことにしました。そこで、「道元における自己と時間」とか何とか、それらしいテーマを掲げ、博士論文を執筆することになったのです。

再び京都に着いたのは、一九九二年の十月のことです。論文のことは棚上げして、京都から毎月安泰寺や昌林寺、宇治田原の山奥に庵を構えていた和尚さんの接心に通いました。移動や寺にいる時間が長く、京都で過ごした時間はわずかでした。

そうした生活を続けて一年近く経った頃でしょうか。次第に私は、学業と寺通いを両天秤にかけた生活が、虚しくなってきたのです。「自己と時間」という論文を書くはずが、私自身が「自己と時間」の無駄づかいをしていることにようやく気づいたのです。今度こそ学業にケリをつけ、修行に集中することにしたのです。

貯まっていた奨学金は、借金を抱えていた父親の口座に振り込みました。文字通り全てを捨てて、安泰寺に飛び込んだのは、一九九三年の秋のことでした。二十五歳の決心です。

出家。そして「無方」という〝戒名〟

こうして私は、ようやく正式に「出家得度」することになりました。

出家得度の儀式では、専用の僧衣や袈裟、応量器を授かります。また、釈尊から自分の代までの「仏祖血脈《ぶっそけちみゃく》」を弟子自ら書き記し、戒《かい》が師匠から弟子へと授けられます。

曹洞宗では現在十六の戒が授けられますが、まずは「仏・法・僧」の三宝への帰依。それから「悪いことを一切しない、良いことを全てする、ありとあらゆる存在の助けとなる」という大乗仏教の精神を最も簡潔に表している三聚浄戒《さんじゅじょうかい》。最後には「不殺生戒《ふせっしょうかい》」からはじまる「十重禁戒《じゅうじゅうきんかい》」です。こちらは「盗まない」「ウソをつかない」「自分を褒めない、人を批判しない」といった具体的なものですが、その解釈が非常に寛容であることは日本仏教の特徴です。

それにしても、得度式の後のパーティーの席に、さっそく肉も酒も出てきたのには私も驚きました。いくらなんでも、先ほど「不殺生」や「不酤酒《ふこしゅ》」を誓ったのですから、すぐにそれを破るわけにもいかないでしょう。ましてや、私は子供のころから肉も魚も大嫌いな、自称「筋金入りのベジタリアン」です。それを言うと、

「この肉と酒を、あなたの得度式のためにわざわざ寄付してくれた方がいるのだ。嫌いでも、この肉を美味しくいただくことこそその肉への供養でもあり、施主の善心を生かすことにもなるのではないか。なのに、『そんな物はいらない』というあなたの行為こそ『殺生』だ」と雷童先輩に叱られました。彼は大の肉好きでした。納得のいかない顔をしていたら今度は永心さんにも忠告されました。

「酒に酔いたくないといったって、本当の『酒』は君の頭の中の凝り固まった考えだ。もう少し柔軟になって、その個人の考えを手放すことこそ『不酤酒』の意味だよ」

このように戒はあるのですが、実際のところ日本のお坊さんは、肉食もするし酒も飲みますし生殖行為もします。私自身も、安泰寺で最初は否応なく食べさせられた肉も、今では美味しくいただけるようになりました。

当時の私のように、ベジタリアンの参禅者が安泰寺で味噌汁の出汁《だし》や卵料理に不満を言うと、「私たちの修行の力となるさまざまな食べ物を、身をもって提供してくださった数知れない生き物の身にもなってみろ。今のお前のその不満そうな顔は、彼ら多くの動物や魚、野菜に申し訳ないと思わないか？」と諭すようになりました。

三帰・三聚浄戒・十重禁戒という十六条戒の示すところは非常に大事ですが、これを文字通り「私が守っている」という思いがあると、本来手放さなくてはならない「私」という思いがますます強くなり、「戒」もやがて私の思いを強くしてしまう道具になってしまいます。そもそも、何のためにこのような戒があるのかというと、個人の思いを通すためというのでは決してなく、その思いを手放すためにあるのです。凝り固まった思いから私たちを解放してくれているのが戒です。それをもって堕落と言われてしまうと返す言葉がありませんが。

私の場合、師匠にあたるのは前章に登場した堂頭さんです。また、これまでのネルケ・イエンス・オラフ・クリスティアンという名前を捨てて、戒名（註　法名。曹洞宗では正式には「安名《あんみょう》」という）を決めなければいけません。ついでに申し上げると、一般に行われている仏教式の葬儀は、この得度式の略式と言えます。死して出家する、というわけです。今や何かと批判されることの多い「戒名」ですが、元はといえば、出家者につける名前のことを指すのです。

入門の際、堂頭さんからこう言われました。

「出家得度を受けるとき、普通は師匠から新しい名前をもらう。しかし、自分の意思で自分が生まれ変わるというのが、得度の本当の意味だから、安泰寺の場合は弟子が自分の名前を自分で決める」

さて、私がこれからお世話になる名前を考えました。「恵海」や「覚玄」といった、大きな目標となる名前もいいが、私はとにかく自由でありたい、何ものにも縛られたくない、いわんや自分の名前にも――と思っていました。そこで考え付いたのが「無方《むほう》」という名前です。その意味は「つかみ所がない」「何処にも行き渡る」「すべての方角に開かれている」などでしょうか。「大道無方」や「妙応無方」といった、虚堂録《きどうろく》や臨済録の言葉もあります。

こうしてようやく私は、念願の出家を日本で果たしたのです。積年の念願がかなった、そのときの気持ちはというと、まるで高い山の頂に立ったような心境でした。もうこれで私は一人前の禅僧なのだ！　出家得度するということが目標達成ではなく、これから登らなければならない、山の麓にある登り口にすぎないということも知らずに……。

二頭の山羊

さあ、いよいよ新たな人生、新たな生活の始まりです。

ギリギリの自給自足の生活をおくる安泰寺では、やるべき仕事が山ほどあります。新米の私に与えられた仕事は、ゴミ焼きとトイレ掃除、そして二頭の山羊の世話でした。

毎朝、メス山羊の「ゆき」の乳を搾りに行きます。私を蹴っ飛ばそうとしている彼女の脇を押さえ、肘でバケツをガードしながら乳を搾ります。次はオスの「太郎」です。小屋の外につながれている彼は、木の周りをグルグル回ることでロープがつかえたりして、動けなくなることがあります。そんな太郎の姿を見るたびに、人間の世界でいう「葛藤」という言葉を思い起こします。自分の進みたい方向にロープを一生懸命引っ張っても、ロープがつかえればそれ以上進めない。反対の方向に少し歩み寄るだけで、ロープはたわみ、問題は解決するけど、なかなかそのことが分からない。全体を見渡すことなく、がんばればがんばるほど、「葛藤」は深くなるばかりです。太郎もまたしかり。自分で自分をがんじがらめにしているのに、「メーメー」とうるさくこちらに訴えてきます。助けに行こうとすれば、その鋭い角で私を攻撃してきます。

二頭の世話が終わり台所に戻ると、搾った乳を竈で火を通して消毒します。それを瓶に入れて冷蔵庫に入れ終わる頃には、外食堂でコーヒーをすすっていた他の雲水たちもとうに休憩時間を終え、作務を開始します。私も慌てて、彼らを追いかけなくてはならず、私には、コーヒーを飲むどころか、歯を磨く暇すらありません。

ドイツ人に日本人の味は分かりません

この作業を毎朝行うのです。もちろんその他にもするべき仕事はたくさんあります。すでに半年間、安泰寺の生活を経験していたので、そのハードさを充分理解していたつもりでしたが、〝自分の時間〟が一切ない毎日にはさすがに参りました。とにかく夜明け前から夜更けまで、「あれをせぇ、これをせぇ」とこき使われる毎日。うんざりするのも当然です。しかしそのたびに、「安泰寺はお前が創る」という堂頭さんの言葉を思い出しました。どうせ一日は二十四時間と決まっていますから、作務や坐禅、それから〝自分の時間〟の長短が問題なのではないはずです。そうではなく、一日二十四時間のすべてを本当に〈自分の時間〉と自覚して、辛い作務や坐禅を主体性をもってこなしているかどうかが問題なのです。
中でも特に私を悩ませたのが「典座当番」でした。昌林寺でも典座を担当しましたが、安泰寺の雲水は食事に期待する度合いが高く、あれやこれやとうるさく注文をつけます。ある日のこと。「そうめんのコシがない」といちゃもんをつけられたので、翌日のうどんは茹で時間を短くして出したのですが、今度は「硬すぎる」とまた注意される。もちろんそこで、「僕はスパゲッティーのアルデンテが一番好きなんですが」と反論できるわけもありません。日本人が好きな麺の硬さも、そばつゆの味も、ジャガイモとソーセージの国で育った味覚の鈍い私が覚えるまで、どれほど時間がかかったことか……。注意されるまでは、味噌汁というのは、ただお湯に味噌を溶いただけのものだと思っていました。「出汁がきいていない」と一刀両断にされても、ドイツ人の私に「出汁」という概念が分かるはずもないのです。

「お前は靴底のチューインガム」

寺は完全なる年功序列（といっても、実年齢ではなく得度した順番で序列が決まる）の縦社会です。師匠や先輩の言うことには絶対服従で、そのあたりは一般社会の上下関係よりも厳しいかもしれません。だからなのか、先輩たちの口の悪いこと、悪いこと。弟子や後輩の気持ちに配慮するなんてことは一切しません。前回留学生の身分で安泰寺にいた頃は、みな手加減をしていたことにこの時になって気づきました。特に師匠である堂頭さんの言葉がきつい。「死ね！」というまことに簡潔な言葉から、「お前は俺の靴底にくっついたチューインガムに過ぎない」という、何ともウイットに富んだ罵倒まで、そのヴァリエーションは豊富です。

しかしそうした堂頭さんの言葉は、ただの罵詈雑言ではありません。

ある真夏の日のこと。夏休みを利用して、大学生など十数名の参禅者がいました。当然のことながら、暑いのと重労働に慣れていないこともあり、作務はなかなか進みません。見かねた堂頭さんが、当時の雲水頭の雷童さんに「みんなを温泉にでも連れて行け」と言い渡しました。寺の近くには湯村温泉という、有名な温泉があるのです。当時は二トントラック一台しかなかったので、トラックの荷台に乗る者、自転車を漕いで行く者、ヒッチハイクして行く者など、十数人の参禅者を温泉に連れて行くのも至難の業です。中には、「俺は何も温泉に行くためにこの寺に来たわけじゃない。俺はここに残って一人で坐禅する」というへそ曲がりも現れました。困った雷童さんは堂頭さんに相談します。

「まぁ、いいじゃないの。そんなに坐禅がしたければ、ここで留守番したらよかろう」と答えた堂頭さんに、あろうことか雷童さんは「僕だって、本当は温泉なんか行きたくないよ」と訴えたのです。それを聞いた堂頭さんの顔色が見る見るうちに変わり、「お前のことなんか、どうでもいい！」と雷童さんを一喝したのです。

たまたまこのやり取りを横で聞いていた私は、「厳しいなあ」と思いました。一人の参禅者の自主的な坐禅を許すのであれば、雲水頭も好きなようにさせればいいじゃないか。何しろモットーは、「安泰寺は自分で創る」。自主性が重んじられているはずですから、「お前なんか、どうでもいい！」という言葉は少々厳しすぎると感じたのです。

しかし、それからしばらくして、私もやたらとそう堂頭さんに怒られるようになって、「安泰寺はお前が創る」という言葉と、「お前なんかどうでもいい！」という言葉は、一見矛盾しているように見えて、実は表裏一体の関係だということに、はたと気づいたのです。「私」という存在を完全に手放して、そこから生じるエゴを忘れてしまわない限り、禅本来の意味で「安泰寺を創り、自分の人生を創造していく」ことはできません。

なぜなら、自分一人で修行しているわけでも、自分一人で生きているわけでもないからです。それは寺のみならず、どんな社会でも同じでしょう。仕事場をも、家庭をも、各々が創造し、そのためにはまず各々が自分を忘れなければなりません。「自分が、自分が」と主張していては、修行も何も進みませんし、このような態度が、仏教で奨励されないのは当然のことです。自分を忘れて、周りの世界に眼を向けること。そうして初めて、もっと広い「自己」が見えてくるのです。堂頭さんの暴言に近い叱責の中に、かくも深い意味が隠れていることに、私はハッとさせられたのです。

コップの水を空にして

道元禅師は、第二章で紹介した「現成公案」の「仏道をならふといふは、自己をならふ也」という言葉に続いて、「自己をならふといふは、自己をわするるなり」と言っています。

仏道というものは、自分を離れては存在しません。「今、ここ、この自分」が仏となることです。しかしそれは、裏を返せば「自己を忘れてこそ」はじめてできることです。

堂頭さんは、決して自分の意のままに操ることのできる弟子を作ろうとしていたのではありません。むしろ、弟子を独立させるという方針を徹底させていました。「出家とは艫綱《ともづな》を切るということじゃ」というのが、彼の出家の定義でした。ならばなぜ、師匠や先輩からの指導が必要なのでしょうか。それは各々の物の見方が限られているからです。私は私個人の目で見る物を、そのまま客観的事実だと思い込んでいるかもしれませんが、実はそれは主観的な、限られた世界に過ぎないのです。同じ物を見ていても、私とあなたでは「見え方」が違います。「私が見ているこの世界」というものが、いかに狭いものか、私たちは日頃気づかないでいます。

道元禅師も、「現成公案」の中でこう言っています。

塵中格外《じんちゅうかくがい》、おほく様子を帯せりといへども、参学眼力《さんがくげんりき》のおよぶばかりを見取会取するなり。万法の家風をきかんには、方円とみゆるよりほかに、のこりの海徳山徳おほくきはまりなく、よもの世界あることをしるべし。かたはらのみかくのごとくあるにあらず、直下も一滴もしかあるとしるべし。

これを現代語に訳すと、

私たちの日常生活も、それをはるかに越えた宇宙全体も、様々な側面がある。しかし、私たちに見えているのはそのほんの一部分でしかない。それぞれの視野に収まる範囲の物事を見聞きし、各々が受けてきた教育や人生体験で処理しているだけだ。物事の本当のあり方が知りたければ、自分のメガネを通して物事に『○×』をつける以前に、物事にはこの頭で割り切れない側面のあることを理解しなければならない。周りの人々（海・山）にはまだ気づいていない徳もあろうし、自分が想像してもいない世界が他にもあるということを、よく承知していなければならない。これは他人事ではない、自分の足下の話なのだ。

数ある道元禅師の名言の一つです。

禅では修行するコミュニティーを「叢林《そうりん》」と言います。「叢《くさむら》」というのがポイントで、人工的な「植林」であってはいけません。様々な木々が自然に共生している雑木林。大きな木もあれば小さな木もある。まっすぐに伸びたものもあれば、曲がったものもある。それぞれ違った持ち味や特性を有しているもの同士、そこに「摩擦」が生じるのも当然のことです。日頃味わう鬱憤の多くはこの摩擦が原因ですが、叢林においては、この摩擦に大きな意味があります。摩擦により互いの「エゴの角」が和らぎ、「自分が、自分が」という自己中心的な考えを減じさせます。自分には見えないけど、しつこく自分の鼻にこびりついている、その「メガネ」の歪みを気づかせてくれるのが、この摩擦の働きです。四字熟語でいう「切磋琢磨」はまさにこの意味です。師匠や先輩たちの指導もそれにあたりますが、その指導を自分のこととして受け入れなければ、せっかくの切磋琢磨も意味がありません。

「自分のコップに水が一杯になっていたのでは、水を注いでもこぼれてしまう。先ずコップを空にして即ち己見、己我を残らず振り捨てて正師の一言一句を余さず洩らさず受け入れる態度がなくてはならぬ」

安泰寺の五代目住職である沢木興道老師（一八八〇―一九六五）も言っています。まさに入門当初の私は、コップの水は溢れんばかり、いくら水を注いでもこぼれるばかりの状態だったのです。

カフカの鼠

とにかく一年が長いのです。

春。桜の木越しに安泰寺を眺める

秋。収穫後の稲をハザ架け

春は雪が残る中、田畑を耕します。クタクタになっても、食べるものといえば前年に収穫した腐りかけの大根、シワシワになった芋しかありません。やがて境内中にふきのとうやウド、ワラビが生えてきます。料亭で出されればそれなりに高級と思えるそれらの山菜も、毎日食卓に並ぶと、ただ苦いと思うだけで、「早く夏にならないかな」と思うばかりです。

夏になれば野菜も徐々に実り、食生活も充実してきますが、同時に炎天下での草刈りが始まります。五十ヘクタールある境内は、刈っても刈っても草の山。尽きることはありません。意識が朦朧とする中、「早く秋にならないかな……」と願うのみです。

しかし秋になると、田んぼの稲刈りや山からの原木出しといった大仕事が待っています。台所のカマドや冬の薪ストーブの燃料となる木を切り倒し、人力で運び出してからノコギリで玉切りしてやがて薪割り三昧です。一雨ごとに冷たくなる天候の中、今度は冬の到来に思いを巡らします。「雪さえ降ってくれれば、外での辛い作業も終わるし、坐禅と経典の勉強に打ち込める……」。ところが冬になると、積雪は毎年二メートル以上、一階の窓からは全く外が見えなくなります。暗いトンネルの中をさまよっているような気持ちはさらに強くなり、憂鬱な毎日が続きます。早く春の花が見たい……。

かように季節は残酷にも巡りゆきます。次第に、季節が変わっても肝心な自分自身が変わらなければダメだということがはっきりしてきます。もうごまかしは利きません。そのときそのときの気分に流されていては、いつまでも暗い気持ちのままです。ましてや安泰寺の修行は、二、三年で終わるものではなく、「まず黙って十年坐れ」と言われるほど。そして「十年坐ったらさらに十年」。それから「もう十年」。なんと三十年間この生活を続けろというのです。「私はこのままここでただ年を重ねるだけだろうか」と、誰しもが疑問を持つのも無理はありません。

今になって入門直後のことを振り返れば、すべてが修行のプロセスですから、その経験から教訓めいたことも見出せますが、その頃の私はまさに苦闘暗闘の日々でした。それでも、一年経つまでは、辛くても「もう少し辛抱すれば、きっと長いトンネルから抜けられる……」とわずかながら希望もありました。しかし、入門から一年が経っても、状況は好転せず、さらに深刻になるばかり。

ドイツ語の大文学者、フランツ・カフカの「『ああ』、と鼠が言った」を読むと、当時の気分が思い出されます。

「ああ」、と鼠が言った、「世界は日毎に狭くなってゆく。はじめはだだっ広くて不安だった。俺は先へ先へと駆け続け、そしてようやく彼方の右と左に壁が見えて嬉しかった。ところが、この長い壁は見るみる合わさってきて、俺はもうどん詰まりの部屋にいて、しかもあそこの隅には罠が仕掛けてあり、そこに俺が駆け込んでゆくというわけだ」。「お前はただ走る方向を変えさえすればいいんだよ」、と猫は言い、鼠を食べてしまった。

（浅井健二郎訳、平野嘉彦編『カフカ・セレクションIII　異形／寓意』ちくま文庫）

ようやく自分の理想の修行道場を見つけたと思っていた「鼠」。右と左に壁が迫ってきても、不安を感じるどころか、最初は嬉しくてたまらなかった。ところが、叢林の中で共同生活をしながら切磋琢磨されているうち、「エゴという壁」にぶち当たってしまう。困ったことに、この壁を自分自身が作っていることに一向に気づかないから、「お前なんか、どうでもいい！」と「猫」の師匠に諭されても、どうしたら走る方向を変えられるか、なかなか分からない――。

山を下りてゆく仲間たち

悩んでいたのは、私だけではありませんでした。

雲水頭の雷童さんの下山のきっかけは、さやえんどうでした。えんどう豆は、さやが硬くなる前の若いうちに収穫しなければなりません。その日の典座だった雷童さんは、もうだいぶ成長した硬いえんどう豆を料理しようとしていました。しかし、それを見た堂頭さんが怒鳴りました。

「何回言えば分かるんだ。去年も一昨年も注意したはずだろ。ここまで成長したらさやが硬くてとても食えねえんだ！　これは畑に残しておいて、来年の種として使うんだよ。見れば分かるはずだろ！」

「だから、僕は眼が悪いんだよ」

「言い訳をするな、心眼を開け！」

山を下りた雷童さんは、その後盲学校で鍼の勉強を始め、今では横浜で鍼灸院の院長を務めています。

その年の秋、恵海さんが久しぶりに安泰寺に戻りました。もうすでに十年間の修行歴を持つ彼は、住職の資格を取るために二年間、福井県の発心寺に安居していたのです。

雲水のリーダーとして山に戻った当初、彼には新しいアイデアがいっぱいあったようです。曹洞宗の教義にはじまり、坐禅の仕方、安泰寺の生活様式、作務の効率、堂頭さんの奥さんの立場に至るまで、いろいろな問題を提起し、堂頭さんにそれらをぶつけていました。しかし堂頭は堂頭で、弟子の話を素直に受け入れるような人ではありません。恵海さんのアイデアをことごとく撥ね付けました。安泰寺をリニューアルしようという、恵海さんのせっかくのやる気は空回りするばかりでした。

　彼が寺を後にしたのは、その年の冬のことです。

　きっかけになった日は、一九九五年の一月十七日。一月の第二接心の三日目でした。朝の二炷《にちゅう》（註　線香が一本燃え尽きる時間を「一炷」と呼び、一回の坐禅の時間の目安。だいたい小一時間）目がそろそろ終わろうとするとき、本堂が大きく揺れ始めました。かなり大きな地震です。坐禅中の雲水たちの上半身も、お堂の柱以上に左右に揺れ、振動がしばらく続きました。みな横目で堂頭さんの行動を気にしていましたが、師匠がジーッと黙坐している以上、自分たちもお堂から飛び出すわけにはいきません。

　その日の夜、接心が終わり、初めて兵庫県の南部で大震災があったことを知りました。夜中、布団の中でイヤホンをつけてラジオを聴いていた永心さんから、犠牲者が数千人にも上るらしいと聞いて、自分たちの無力さを感じるばかりでした。こんな山の中で坐禅を組んでいて、はたして人を救うことができるのか――。

阪神大震災から数日経っても、雲水たちの間で動揺が収まらないのをみて、堂頭さんが提案をしました。

「どうせ徹夜してラジオばかり聴いていれば、坐禅にも仏典の勉強にも気合が入らんだろうから、今夜はテレビのニュースでも見て酒を飲もう」

自分の居間から小型のテレビを広間に持ち出して、薪ストーブの横でニュースを見ることにしました。雲水たちはみな大震災のニュースに釘付けになりました。ちょうどボランティアの炊き出しの様子が放送されていて、それを見た堂頭さんが、日本酒片手にテレビに向かって言い放ちました。

「なんや、俺たちが食っているのより、よっぽどうまそうじゃないか」

……。まるで他人事のようにテレビを見ていた、その堂頭さんの後ろ姿に絶望して、恵海さんは自分の荷物をまとめました。深い雪の中、カンジキを履いて段ボールを背負《しょい》子《こ》に載せて山を下りたのです。その姿を見て、他の雲水の心も再び揺れました。そして耕雲さんというもう一人の若い雲水も、数日後、神戸でボランティア活動をしようと安泰寺を後にしたのです。
その年の三月。オウム真理教による、地下鉄サリン事件が起きました。当時この事件に直面して、動揺しなかった日本の仏教者はいなかったはずです。阪神大震災とはまた違った形で、日本仏教のあり方が根底から問われました。仏教とは何か？　修行とは何か？　彼らをどうして救えなかったのか？　どうして救わないのか？　はたして仏教にはその力があるのか？
残った雲水たちは日々の修行に没頭しようとしましたが、自問自答をやめることができません。私たち仏道修行者が目指しているのは、菩薩のはずです。菩薩とは、自分自身の救いより、人の救いを優先させる修行者のことです。それなら、どうしてボランティアをしないで山で坐禅ができようか——。

ドイツに帰りたい……

私が目指していた理想の修行生活と、安泰寺での実際の生活に大きなギャップを感じる日々が続きました。二回目の冬に入る前から、自律神経が不調をきたし、腹痛に見舞われました。それを治すため、接心中に何回か断食を試みました。しかし効果はなく、ますます悪化していったのです。

その冬、軽いうつ病にかかりました。何をやるのも億劫になってしまい、床掃除をするのも大仕事に思えてきました。身体はスローモーションでしか動きませんし、心はまったく無気力のままです。幼い頃から自殺願望があり、それを抱えながら生きてきましたが、この時は完全に生きる気力を失ったばかりではなく、「死のう」という衝動すらなくなっていました。その意味では、楽だったのかもしれません。

春になって、症状が若干回復してきました。雪が解けて外での作業が再開されると、否応なく身体を動かさなければなりませんから、頭の中で悩む余裕もなくなり、少し楽になりました。それでも「私はここで何をしているのか？　ただ無意味に時間が流れているだけではないのだろうか」という疑問がなくなることはありません。

いつの間にか、私は自分の荷物、特に百キロ近くあった本を全てドイツの実家に送り返していました。これまでも何度か「帰ろう」という衝動にとりつかれてしまうことがあったのですが、何とかそれを騙し騙し抑えていました。ある意味では、大量の荷物が「重石《おもし》」となって、私を安泰寺に繋ぎ止めていたのです。その「重石」を、とうとうドイツへ送り返した時点で、足枷がなくなり、ごまかしも利かなくなりました。でも、このままドイツにおめおめと帰ったとしたら、これまで続けてきた日本での修行は何だったのか――。はっきり言ってそれでは、私はただの負け犬です。

思い余って、鳥取県で住職になっていた、かつての先輩である覚玄さんに相談しにいきました。彼は三年ほど前に安泰寺を出てからも、よく顔を出してくれましたし、我々雲水たちの相談に乗り、問題を提起してくれました。雷童さんや耕雲さん、安泰寺を逃げるようにして出て行った他の雲水たちも、彼を頼りにしていました。その覚玄和尚が、私にこう言ったのです。

「お前のような理屈っぽい人間が、安泰寺で悟れるはずもない。ドイツに帰る前、臨済宗の家風でも見て来い。どうせ行くなら、なるべく厳しいところがよかろう」

この言葉に背中を押され、私は安泰寺を下りる決意をしたのです。入門から丸二年、一九九五年の秋のことでした。

第四章　京都てなもんや禅寺修行

掛搭志願

「たのーみまーしょー」

京都のある臨済宗本山僧堂の玄関先で、腹の底からそう声を絞り出したのは、一九九五年十月の早朝のこと。雲ひとつない秋晴れの日でした。

玄関の壁に、持参した網代笠《あじろがさ》を立て掛け、草鞋を履いたまま上がり框《かまち》に横坐りになりました。雲水が使用するランドセルのような荷物袋を「袈裟文庫」と呼びます。その中には、お袈裟や封筒に入れた一万円（「死骸の始末料」）、食事で使う持鉢《じはつ》や教本などが詰めてあります。「袈裟文庫」を肩から降ろし、その上に上半身を載せて不自然に身体をよじって構えます。そして「たのーみまーしょう」と声を掛けるのです。

ここからは、掛搭のルールに従って行動します。まずは予め用意していた封筒を差し出します。その中には漢文で書かれた掛搭願書や履歴書、誓約書が入っています。「貴道場の規制を遵守するは勿論、大事了畢迄必ず退場仕らず、若し規制に犯触《おか》せば何らの御処分これ有ると決して苦しからず候……」、要するに、悟るまでは僧堂を離れないこと、規矩《きく》を破った時はどんな刑罰もお受け致しますと約束をするわけです。

しばらく沈黙が続いたあと、衝立の向こうから「もう一回」という声が聞こえたので、さらに大きな声で「たーのーみーまーしょー」と叫んでみました。

最初は建物の奥深いところから小さな声が聞こえてきて、やがてそれが次第に大きくなり、ようやく「どおーれー」という大声とともに「副司《ふうす》」（註　雲水の間では「フッさん」と呼ばれる。僧堂の窓口係をも務める雲水の取締役）の雲水が現れました。

「いずこより」

「美方郡安泰寺徒弟、ネルケ無方。当僧堂に掛搭いたしたく、お取次ぎをお願いいたします」

「しばらくお待ちください」と答えたあと、フッさんはいったん奥に姿を消しました。

ややあって再び現れると、床に手と頭をつけて、

「当道場はただいま満衆につき、他の道場に足元の明るいうちにお巡りください」と、前もって覚玄さんから聞いていた、マニュアル通りの答が返って来ました。

庭詰めと追い出し

直後に「庭詰め」が始まりました。

「庭詰め」というのは玄関前に坐り込むことです。先ほどのやりとりから、形式上入門は断られたわけですが、「それでも私はあきらめない」という意思を示すのです。

ときには断られてあっさりと引き下がる者もいるようで、すると雲水が慌てて「これは芝居だから戻って来いよ」と後を追うこともあるそうです。しかし大半の入門志願者は、事前にこのような「儀式」について耳にしていますから、どう断られようとも、その直後からとにかく玄関前にひれ伏し続けるのです。

これが辛い。斜めにねじれた土下座のような格好を何時間も続けるのですから、当然腰は痛み、額を載せた両手、窮屈に曲がった足が痺れてきます。やがて痛みの感覚すら失われてきます。

どのくらいの時間が経った頃でしょうか。「コラー！　いつまでいるつもりか。さっさと出て行け！」という罵声とともに雲水が現れ、襟を摑むと私を玄関から追い出しました。抵抗しているうちに相手の足を踏むと、向こうもムキになり私を庭に投げ、網代笠がトントントンと石畳の階段を落ちていきました。

笠を取りに階段を下りると、石垣の陰にもう一人の雲水が待ち構えていました。彼は、「これも一応決まりですから。あそこの六角堂の裏で骨延ばしをして、煙草でも吸ってください。三十分くらい経ったら、また戻ってね」とニコニコしながら言いました。

この一連の行動を「追い出し」といいます。

実はこの「追い出し」、慈悲の心でもって行われているものです。つまり、庭詰めでコチコチになった身体をほぐさせるため、一日二回ほど「コラー！」と投げるわけです。親切表現の裏返しの行動というわけです。それを機に、志願者はリラックスして身体の痺れをとるのです。

十時が過ぎた頃、襖越しにまるで何匹かのライオンたちが吠えているような声で般若心経を唱えているのが聞こえてきました。食器が鳴る音、「はよう食え」という罵声が飛び交い、やがてまた静かになりました。

「お願いいたします。斎座《さいざ》（註　僧堂の昼食。僧堂によっては午前中の十時過ぎに食べる）お願いいたします」

そう声を掛けられ、わけが分からないままついて行くと、食堂に通されました。ご丁寧に「お願いいたします」と招待された割には、あまりにもひどい食事で驚きました。

金属製のボールに入っていたのは、山盛りのうどんです。それを残さずに食えと言うのです。覚玄さんが、カルシウムや栄養剤の他に胃腸薬を荷物に入れてくれた理由が少し分かりました。

あたりを見回すと、私より三日前に上山したという、もう一人の雲水が板張りの床にいて、平然とした顔でやはり金属製の「エサ箱」からうどんを食べていました。その姿は余裕綽《しゃく》綽《しゃく》で、たった三日の差ですが、この雲水と状況がまったく分からない私の間には天と地ほどの差があるように感じました。

食事が終わるとまた庭詰めです。

当初「追い出し」を「生ぬるい」と考えていた私ですが、二日目にはそんな余裕はなくなっていました。むしろ「早く追い出してもらえないだろうか」と期待している始末です。運悪く、二日目にはフッさんが外出しており、追い出しされることなくその日が過ぎようとしていました。

要領も分からず愚直に庭詰めを続けていたのですが、先ほどの三日先輩の雲水は、一時間おきに物置から出てどこかに行っています。どうやら「二便往来《にべんおうらい》（註　トイレに行き用を足すこと）」という建前で、一服していると分かったのはだいぶ後のこと。ここでは、先輩から教わる「智慧」が山ほどありそうだなと確信しました。

日が暮れると、「本日は足下も暗くなりましたので、旦過寮《たんがりょう》にお泊まり下さい。明朝は早々とお帰り下さい」と、今度は掌を返したようにバカ丁寧な対応で三畳の部屋に通されました。「旦過寮」といっても、先着の新到《しんとう》（註　新入りの雲水のこと）が先ほどまで居眠りをしていた物置のことです。彼はどうやら隣の典座寮の倉庫に移動させられたようです。

草鞋を脱ぎ、用意されたバケツの水と雑巾で足を拭いてから、畳に上がりました。しばらくすると、綺麗な茶碗に注がれたお茶が赤盆に載せられて丁寧に運ばれてきました。先の「エサ箱」とは雲泥の差です。それから和紙張りの提灯の明かりで、投宿帳に名前と住所を書かされます。部屋には蛍光灯がありますから、わざわざ提灯を持ってくる必要はないと思うのですが……。とにかくこのような志願者を扱う行為のすべてがシュールで、半ば呆れる一方、そのわけの分からないところに禅の本質が隠されているのではないかという期待もありました。まだこのときまでは……。

旦過詰め

二日間の庭詰めの後は、五日間この旦過寮に坐らせられます。坐禅には十分慣れていたので、これは私にとっては楽でした。三日ぶりに背筋を伸ばして坐れるという解放感。頭上にある小さな窓からは、秋空を背に揺らぐ竹が見え、気持ちの良い風が襖の開いた部屋を吹き抜けました。庭詰めの厳しさを経験した直後でしたから、この空間が余計に気持ち良く感じられました。

ドイツに帰国する決意を固めていた私がここに来たのは、帰る前に一度、とにかく厳しいことで有名なこの僧堂に身を置いてみようと考えたからですが、「入門試験」がこの程度ならば、当初考えていたより長くここにいられるかもしれないと考え始めました。

あの食事のひどさを除けば、朝三時から夜の九時まで、ただひたすら坐禅に打ち込めるのです。この「独房」はまさに私にとっては理想の修行環境でした。人間関係の煩わしさもなく、安泰寺のように接心中にイノシシが大豆畑を荒らしたり、窓の外で山羊が「メーメー」と鳴く声が聞こえたりすることもありません。

確かにここの生活は現実離れをしていました。漢文混じりの丁寧な言葉遣いと飛び交う罵声。昼間の境内でカメラを構える観光客と「追い出し」という野蛮な芝居。夜の十二時になると、目の前にある大きな病院の迷惑を考えることなく、無神経に巨大な梵鐘《ぼんしょう》が鳴らされます。その無神経さと対極にあるような、お茶の席での心づくしのサービス。そのギャップ。考えれば考えるほどわけが分からなくなりましたが、禅の目的は考えることではなく無になること。思考をストップさせるために、このようなおかしな修行環境がデザインされたのかなと思うほどでした。

初相見

五日間の旦過詰めが終わると、係の雲水から頭を剃るように言われました。どうやらこれから、僧堂のトップである老師に会うらしいのです。つまり私は「試験」をパスしたというわけです。

「先にシャワーを浴びた方がいいのじゃありませんか」と軽い気持ちで聞いてみました。当然のことながら、この一週間ずっと風呂に入っていません。

「ふざけるなよ。はよカミソリをださんか」

慌てて袈裟文庫から和カミソリと砥石を出しました。安泰寺では「シック」というアメリカ製の一枚刃を使っていました。しかし臨済宗の古刹《こさつ》で、しかも新米雲水が、そんな欧米の近代科学文明の利器を使うことが許されるはずがありません。仕方なく持参した錆びた和カミソリで頭を剃ることにしました。

「カミソリを研ぐ暇がない。このままで行くしかないな」

雲水は、私の垢だらけの頭をその錆びた刃物で容赦なく剃り始めました。案の定、あちこちから血が出てきましたが、時間がないらしく、手を止めることはありません。

老師への最初の挨拶のことを「初相見《しょしょうけん》」といいます。

お袈裟と衣に白衣と足袋をつけ、「相見香」と筆で書かれた封筒を用意します。たった千円で、一派の管長をも兼ねる僧堂の老師にお目にかかれるのは新到くらいです。「お目にかかる」といっても、相見中はずっと平身低頭して顔を畳にこすりつけていなければなりません。なので、話を聞き終わった後でも、老師がどのような顔をしているのか、その風体を確認することはできません。

肝心の話の内容は、「曹洞宗には曹洞宗の家風、臨済宗には臨済宗の家風があるから、当僧堂では臨済宗の家風に徹して修行に励みなさい」という簡単なものでした。確かに曹洞宗である安泰寺のお袈裟や衣、応量器の持参が認められず、臨済宗の持ち物一式を買わされたのも、そういうことかと変に納得した覚えがあります。

ドイツ人がなぜ修行をしているのか？

相見が終わり典座寮に戻ると、ちょうど日天掃除（註　外回りの庭掃除など）の休憩中でした。ここで初めて雲水の皆に紹介されることになりました。終わると、安泰寺での二年間の修行について、いくつか質問がありました。

「そうですね……」

と答えようとすると、何人かの雲水がブッと笑いだしました。

「『そうですね』だってよ」

どうやらこの一言で、安泰寺でろくな修行をしていないことが判明したようです。後で気付いたのですが、「そうですか・そうですね」という日本語は、この僧堂には存在しません。なぜか名詞に続く「は・が・を・の・に」といった助詞も不要。

「ホッソ、飯台看《はんだいかん》、行って参ります」（「私は今から給仕をしにいってきます」という意味）というように。

また「お願いいたします」が「お願いします」になっただけで、ビンタ一発が飛びます。これまで大学の教科書で学んだ日本語とはだいぶ違ったので、戸惑いました。

特殊な言葉の壁だけではありません。私を囲んでいた雲水は、どうしても私の出家の動機が理解できないようでした。

なぜドイツ人なのに仏教の修行をしているのか——。

奴はお寺に生まれたわけではない。将来「坊主」という商売で金儲けをしようと考えているわけでもない。なぜ青い目の男がわざわざ外国からやって来て、我々と同じ格好をして同じ修行をしようとしているのだろうか——。

私がその理由を話すと、「そうか、お前は自分のために修行しているのか。えらいな。まるでお釈迦様みたいだな」と不思議がられます。

理解できないのはこちらの方です。修行の目的とは、本来釈尊の後を追うことではないのでしょうか。

十一人いた内の四人は、私より半年前、その年の春に入門していて、ようやく自分より下の立場の人間が入ったと安心しているようでした。また彼らは安泰寺の仲間と違い、在家出身の雲水は少なかったようで、「在家かぁ、困ったもんだ。教えるのに苦労しそうだ。ましてやガイジンだからな」とまったく配慮のない発言をしていました。

当時二十七歳だった私より歳が上の人間は二人しかいませんでした。一番上が「副司」のフッさんと、自衛隊上がりのリュッさん。リュッさんはヤンキー出身でバツイチ、その顔も立ち振る舞いもどこから見てもお坊さんと言うよりやくざの兄貴という感じでした。たまたまお寺のお嬢さんと恋に落ち結婚、半ば強制的に婿となり義理の父親の弟子にされたそうです。この僧堂を出た後、再び離婚して三回目の結婚をして、今では住職の傍らスナックのマスターを務めているユニークな人物です。

ちなみに、ここでの私の呼び名は「ホッさん」でした。自分のことを「私」や「僕」ではなく、正式には「ホッソ」と言わなければなりません。それぞれ自分の二字の得度名の下の字で呼ばれていました。「龍」は「リュッ」となり、私は「方」ですから「ホッ」となります。

「末単」という存在の耐えられない軽さ

雲水のほとんどは、お寺の子として生まれ、宗門の大学である花園大学を卒業するとすぐに入門します。ですから、入門三、四年目でも私より若い。しかしながら、僧堂の上下関係において、そんなことはどうでもいいのです。一日一秒でも早くその僧堂に掛搭した者を先輩として敬わなければなりません。坐る順番からトイレでの並び方まで、一切に上下関係が関わってきます。後輩は先輩より早く起き、先輩が寝るまでは寝られない。先輩より先に作業にかからなければいけないし、先輩が休んだら後片づけをしなくてはいけない。先輩の足をふき、先輩の背中を流す。

先輩のことを「高単」と呼び、組織内で一番立場の低い雲水を「末単《ばったん》」と呼びます。この年の秋に掛搭したのは私を含めて三人でしたが、最後だった私がその役目を負わされることになりました。

「末単」のために色々な特訓が用意されています。三時十分前に全員を起こして、皆の履物がちゃんと揃えられているかどうかをチェックすることから、夜の十一時に全員が寝てから、線香立ての灰を掃除するまで、あらゆることです。

食事の際、高単の雲水はあまり箸をつけず、早々に引き上げますが、最後に末単は残りを全て片づけなければなりません。桶に残った米粒は番茶で流して飲み込み、床に落ちた粒は手で拾って食べる。そのあとは床掃除ですが、堂内に戻るとすでに高単の者は休んでいます。トイレ掃除も末単の仕事です。足拭き用のタオルをきれいに洗い、皆の下駄を揃えた頃には、次の作務が始まります。

つまり、新たな雲水が来ない限り、あらゆる雑事に追われ休む暇がありません。運が悪ければ、半年から一年間ほどこの任務を果たさなければなりません。私の場合、翌春にようやくキチさんという後輩ができるのですが、それまで半年間末単でした。

上下関係が厳しい一方で、雲水全員が平等に扱われることもあります。例えば下駄のサイズです。足の大きさにかかわらず、すべて二十四センチで統一されています。「外履き」と呼ばれるビーチサンダルも同じサイズです。なぜ同じサイズで統一しているかというと、履物を一ミリの誤差もなく、揃えなければいけないことになっているからです。履物の大きさがまちまちであればそれは叶いません。ちなみに、私の足のサイズは二十九センチです。当然二十四センチの履物からは大きく踵部分がはみ出します。私の踵にいつも深いヒビが入っていたのはそのせいで、冬はヒビから冷たい水がしみこんで霜焼けに、夏はバイ菌が入り足は腫れ上がります。

これらの履物が新しい物に替えられるのは半年に一度。しかも実際に新品を履けるのは高単の一人か二人に過ぎません。残りの人間はその「お下がり」を履くので、末単にはすでにボロボロになったものしか回ってきません。ひどいものになると、土踏まずの部分しか残っていないなんてこともありました。

柏布団と呼ばれる寝具も同様です。先輩からのお下がりは、ほとんど破れ目から綿がはみ出していて、布団の体をなしていません。さらに履物と同じでサイズの問題があります。百九十センチの私は、明治時代の日本人の体型に合わせた布団に収まるはずがありません。さらに「起きて半畳、寝て一畳」と呼ばれる生活スペース（註「単」という床より七十センチほど高い場所）からは頭がはみ出ます。

「これじゃ寝れませんよ。斜めになっても、単から頭がぶら下がってしまいます」

リュッさんにそう訴えると、

「うるさい。その頭を切ってしまえ」と一蹴されました。

過酷な食事

食事に慣れるのはもっと苦労しました。「修行僧の食べる食事は貧しい」という世間のイメージがありますが、臨済宗の僧堂の現実はその逆です。確かに内容については、麦飯、味噌汁、漬け物といった質素なものです。しかしその量が半端じゃないのです。麦が四・米が六という割合で作られる「ハン（飯）」が、まず茶碗に溢れんばかりに盛られ、お椀には「ジュ（汁）」が注がれます。ところが高単の鉢にはほとんど入っていません。

「先輩はこれで足りるのだろうか」などと、他人の心配をしている場合ではありません。先輩が食べ終わった頃に二杯目が盛られます。それまでに一杯目を平らげなければいけません。曹洞宗は食事の作法を事細かに決めていて、それに慣れるのが大変と言われますが、臨済宗ではやたら「はよう食え、嚙む暇などないぜ」と怒鳴られます。「ハン」を口いっぱいに詰めて「ジュ」で流し込む。箸の動きが少しでも鈍ると、横からまた罵声が飛びます。

「おい、食い方が綺麗すぎる。お姫様じゃないんだからよぉ」

ならば汚く食べようと米粒を口からこぼすと、先輩もようやく納得した様子で引き上げます。三杯目のおかわりの時は、新到たちしか残っていません。そして、残りを平らげるのは末単の義務の一つです。

また、接心中に振舞われる「うどん供養」というのが格段に厳しい。一人ずつ、金属製のボールにまず一杯のうどんが盛られます。「一杯」といっても、下の立場の人間になればなるほどその量が増えます。食べ終わると、やはりお代わりです。雲水は口が裂けても「もう結構です」と言えませんから、その場で吐いてしまう者もいます。吐いても許されるはずがありません。口から出た物を、胃袋に収めるまでは許してもらえません。それをしのぐコツはひとつ。いかにその場で我慢し、先輩が煙草を吸っている間にこっそり裏山で吐いてしまうか。

「なぜそんな修行をさせられるのですか。食べ物をもっと大事にすべきではないでしょうか」と、私は恐る恐るリュッさんに聞いてみました。

「お前は檀家さんに呼ばれた時、『もう結構です』と言えるのかよ。いくら出されても有り難く頂戴するのが礼儀じゃねぇか。そのための訓練だ」

このような無理な食生活を続けていると、誰しも胃腸を壊します。胃腸が弱くなりトイレが近くなる。一時間ごと、いや三十分ごとに、「お願いいたします、二便往来お願いいたします」と、先輩に低頭しなければなりません。先輩も事情が分かっていますので、大概は「おぅ、行ってき」と許してくれますが、忙しい時や機嫌の悪い時は「漏らせ」と言われることもあります。

私にも托鉢中や夜坐中に我慢できなくなった経験が何回もあります。小の方はまだいいのですが、大の方は困ります。もし粗相をしてしまったら、僧堂には雲水用の洗濯機もありませんし、自由にシャワーを浴びることも出来ません。粗相したパンツはその場で脱ぎ捨て、お尻は夜中に鯉の泳いでいる池で洗うしかないのです。

そんな話を後で後輩のキチさんにしましたら、「え？　先輩はオムツをつけていなかったのですか」と驚かれました。驚いたのはこちらの方です。まさか彼がそこまでしていたとは！　さすが、「プロのお坊さん」を目指す雲水の意気込みは違うと感心しました。

恐怖の警策フルスイング

このように食事にも用便にも苦労したのですが、中でも一番恐怖だったのが「警策」です。

警策というのは、坐禅中に「喝！」と肩や背中を打つあの棒のことで、ご存知の方もいることでしょう。曹洞宗では「きょうさく」、臨済宗では「けいさく」と読みます。その歴史は意外と浅く、江戸時代になってから登場したと言われています。安泰寺では、雲水たちがそれぞれのペースで坐禅修行に打ち込み、その責任も自分自身でとる、という方針でしたから、よほど長時間の居眠りをしないかぎり、警策を使うことはほとんどありませんでした。「勝手に居眠りしている者は、勝手に起きろ」というのが安泰寺です。放任主義ともいえますが、その狙いは別にあります。後で詳しく説明する「大人の修行」というのがキーワードです。

しかしここは違います。坐禅には、警策による「しごき」がつきもので、私は「叩かれるばかりじゃ坐禅にならないじゃないですか」と、リュッさんにこぼしたこともありますが、ここではそんな理屈が通用するはずもありません。

「臨済の坐禅はただ坐るんじゃない。死ぬこっちゃ。曹洞宗も足は相当痛くなるかもしれんが、臨済の場合は足も痛いし肩も痛いし心も痛い。『イタイイタイ』三昧じゃ」

警策を打つのも受けるのも、ちゃんとした作法があります。臨済宗では曹洞宗と違い、禅堂の壁を背にして坐禅を組みますから、正面から左右の背中を叩きます。夏季は二打、冬季は四打。なぜ季節によって打数が異なるかというと、服装の厚さが季節によって違うからです。

叩かれる場合、まずは軽くポンと警策を肩に置かれる。すぐに合掌して「絡子《らくす》（註袈裟の簡易版で首からかける）」を外し、深く低頭します。そのまま叩かれるのを待ち、終わると再び絡子を首に掛け、深く合掌低頭して感謝の気持ちを表さなければなりません。

警策を打つのは、禅堂の取締役である「直日《じきじつ》」か、高単の雲水です。禅堂内で祀られている文殊菩薩（註　智慧の象徴である菩薩）の代わりに修行僧を「警覚策励」し、眠気を覚まさせて坐相を正すのが、警策が使用される表向きの理由です。警策の前では皆平等であるはずですが、現実には自分より単が高い人を打つことはありえません。基本的に先輩が後輩を打つのです。逆はない。

「僧堂の上下は一本の警策で結ばれる」

そう言われるほど、警策の存在意義は大きいのです。

その打ち方がまた凄まじいのです。本来は警策を頭の上ぐらいまでしか振り上げませんが、この僧堂で流行っていたのが「フルスイング」と呼ばれるもので、打つ方は警策を大きく振りかぶり先端は腰の下にまで垂れ下がります。そこから一気に、前方へ力任せに降り下ろすのです。

何度も警策を受けていると、背中が腫れて「赤ちゃんを産む」状態になります。つまり、紫色に変色し腫れ上がる。そのうち皮膚が破れて、血が衣からにじみ出ることもあるのです。ある雲水は、今回の接心で警策を何本折ったか、競争しています。そのバカらしさをリュッさんに尋ねると、平気な顔で言います。

「何を言っているのだ？　他の僧堂の接心では、毎回百本以上折れるところもあるそうだ。うちは一週間で二十本ぐらいだから、まだ少ない方だよ」

警策にかかる費用は僧堂の大きな出費の一つで、あまり多くを折ってしまうとフッさんから苦言が呈せられます。そこで直日が、警策の打撃部分に布テープをグルグル巻くという妙案を考え出しました。そうすれば、あらん限りの力で「後進」（註　僧堂の後輩のこと）をシバいても、すぐには折れません。

皮膚の破れた背中をそのまま打ち続けると、ケロイド状になります。さすがにそのまま背中を打ち続けるとマズイので、そのような状態になった雲水は「バットスイング」なる手法で警策を受けます。背中ではなく、前方から野球のバットを振る要領で胸を打たれるのです。首からかけている絡子の環が真っ二つに割れることも珍しくありません。

五十分の坐禅中、直日は絶えずパトロールをしてターゲットを探します。二、三分毎に雲水を叩くので、警策で叩かれる甲高い音が常に禅堂に響きます。特に狙われるのが単の低い雲水です。私の隣にいた半年先輩の雲水の名前は「モッさん」です。気は優しいのですが、相撲取り顔負けの体格をした彼は、叩かれてはまた居眠りを繰り返し、何度も警策を受けていました。隣にいると「ピューン」というすごい音がして、その迫力が伝わってきます。

「痛くないのだろうか？　彼は肉付きがいいから、インパクトがある程度和らぐのかな」なんて、他人事のように思ったのはその日まででした。

次の日、私の肩にも「ポン」と警策が置かれました。

居眠りをしていたわけではなかったので、「まさか！　俺は寝ていないぞ」と思って戸惑っていると、すでに警策は大きく振り上げられています。慌てて絡子を取り外し、前屈みになった瞬間……。

頭の中が真っ白になりました。

何回叩かれたかも、覚えていません。頭を上げると、すでに直日は先に進み、別の雲水を叩いていました。目に浮かんでくる涙を流すまいとこらえるだけで必死でしたが、なぜか気分はスカーッとしていて、その坐禅が終わるまで邪念が浮かぶこともありませんでした。

坐禅が終わり、十分間のトイレ休憩のとき、隣にいたモッさんに尋ねてみました。

「僕は別に寝たわけではないのですが……。どこが悪かったのでしょうか？」

「はぁ？　そういうお前の顔が悪いんだ！」

「私の顔？」……。到底納得できない答でした。しかし、後になって考えたとき、この

「お前の顔が悪い」ということが、この僧堂で覚えた一番大事な教えだったかもしれません。その時の私の顔はどのようなものだったのでしょうか？　私に見えないものが彼らの目にはハッキリ見えていたに違いありません。

日本仏教のエリートには絶対負けない！

その日の夜十時過ぎに、高単の雲水たちが順番に夜坐から引き上げると、月明かりに照らされた石庭を見下ろしながら、新米雲水の「生活指導」が始まりました。

そこでは、雲水が犯したその日のミスを先輩に指摘されたり、まだ覚えていないお経を復習させられたりするのですが、日によっては先輩からただ理不尽に怒られることもあります。

「俺らはこの商売で一生メシを食わなければならないんだ。だから真剣なんだ。お前のような趣味人とは違う。お前はただ坐禅がしたいだけなんじゃないか」

なるほど。私はてっきり自分こそが真剣に修行に打ち込んでいると思いこんでいました。彼らの修行は、自分の寺を継ぐという「ファミリー・ビジネス」のためでしかなく、彼らは仏法の「ブ」の字すら理解していないと思っていました。しかし私のその高慢な気持ちが一番いけなかったのです。そう思っていたのは今に始まったことではありません。安泰寺にいたときも、自分だけがまともな修行をしていると思い込んで壁を作り、皆を見下していたのでしょう。それに気づかず、勝手に閉塞感を味わっていたのです。

そんな私の軽蔑が見透かされたのか、半年先輩のイッさんに「ふざけるな！」とビンタされました。彼は老師の甥であり、将来の出世を約束されていました。高単の雲水からも恐れられ、別格扱いでした。

ビンタを食らった私は、涙を流しながら薄暗い庭を睨みました。

「いずれは絶対、見返してやる」

日本仏教界の将来のエリートたちへのライバル意識に火がつきました。同時にそのような感情を喚起してくれたことに感謝すらしました。

「あいつらなんかに負けるものか」

たくさんの星で埋め尽くされた晩秋の夜空を見上げながら、自然と亡き母とドイツで待っているはずの父親のことが頭に浮かびました。

「申し訳ない」

七歳で母と死別して、十六歳で家を出たきり……日本で出家してからドイツに一度も帰っていません。親には心配ばかりかけ、安心させるようなことをまだ一つもしていない……。そのことに初めて気付いたのです。だからこそ、このまま国に帰るわけにはいきません。胸を張って帰れると思うまで、この道を突き進むことを決心しました。

軍隊よりも、地獄よりも……


そう決心しましたが、ある日、たまらずモッさんにこぼしました。

「これはあまりにもひどい！　まるで軍隊みたいじゃないですか」

「いやいや、軍隊ではそこまでひどくやられないよ。フラフラになるまで走らされたりはするけど。暖房は効いているし、睡眠時間だって長い。こっちの方が全然ひどいよ」

「そう言われればそうですね。ここは軍隊じゃなくて、まるで地獄です」

「それも違うよ。目玉を抜かれるわけではないし、夜だって布団に入って四時間も眠れる。地獄のどこにこんな贅沢なところがあるの？　考えてみてよ、叩かれる俺たちも痛いけど、叩く方だって痛いのさ。先輩の手を見たか？　マメだらけだよ」

なるほど、それまで私はよく「地獄だ、地獄だ」と連発しましたが、必ずしも厳しい事態が客観的に向こう側にあったのではない。それを「地獄」と思わせるものが私の生きる姿勢の中途半端さにあったのでしょう。一方、背中を腫れるまで叩かれても、モッさんは自分が置かれている状況を前向きに解釈しようとしました。しかし、いくら気がいいからといって、加害者であるはずの先輩に同情までして、「叩く方だって痛い」というのはないだろうと思いました。それはもう「ストックホルム症候群（註　精神医学用語の一つで、犯罪被害者が犯人に対して過度の同情や好意を抱くこと）」です。

「でも、オウム真理教とどう違うんですか？　人権も何もあったものではないじゃないですか」

そこにたまたま高単が現れ、私の訴えを耳にしました。

「ああん、人権だと？　ボケ、そんなもんあるわけねえだろうが。入門時に『規矩を破った時はどんな刑罰もお受け致します』って誓約書に書いたろう。死んでも文句は言えねえんだよ！　ええか、死人になれ！」

この先輩はゲンさんといって、修行歴四年目のナンバー・ツーです。まことにキレやすい性格です。ゲンさんはさらに続けました。

「第一、オメエはまだ無になっとらん！」

……。まさかここで「無」が出てくるとは……。

仏教、特に禅にとって「無」というのは避けては通れない言葉です。

しかし、ゲンさんの「無」の解釈は独特なものでした。

彼が入門した当時、先輩から「本当にここで修行をする気があるのなら、裸で山門まで走って、パンフレットをもらって来い！」と命令されたことがあったそうです。彼は逡巡もせず、即座にこのミッションをやり遂げ、山門受付のおばさんはもちろんのこと、先輩雲水たちを驚かせたそうです。

その彼が今となっては、人に命じる立場にあります。

「裸でムーンウォークをせぇ！」

ある日の庭掃除の時でした。そう命ぜられた新米のキチさんは、作務衣を脱ぎマイケル・ジャクソンになりきりました。「ノッてきたな、お前の境地が深まってきたぞ」と、ゲンさんはキチさんを褒め、使い捨てカメラでパチパチと写真を撮り出しました。その光景を観光客が不思議な目で見ているのですが、そんなことに構う様子はありません。

老師との問答

臨済宗の僧堂では、旦過詰めの終わった入門者に老師から「趙州無字《じょうしゅうむじ》」という公案が与えられます。

公案のルーツは唐代の禅僧の問答です。「仏とは？」と尋ねられ、「麻三斤《まさんぎん》」（三斤＝二キロ）と言ったり、「庭前《ていぜん》の柏樹子《はくじゅし》」や「乾屎橛《かんしけつ》」（註　尻を拭うための道具）と答えたり、不可思議なやりとりが多い。江戸時代の白隠禅師による、「隻手《せきしゅ》の音声《おんじょう》（両手を打てば音はするけど、片手の音は？）」も有名です。

「独参《どくさん》」といって、毎日二回老師にマンツーマンで会って、その公案に答えなければならないのですが、容易なことではありません。臨済宗の眼目はこの公案修行にあるとも言われます。これまで曹洞宗で修行してきた私にとってはもちろん初めての経験です。

「趙州無字」は次の通りです。

趙州和尚、因みに僧問う。
「狗子《くし》に還って仏性有りや又無しや」
州云く、「無」

一番厄介なのは、その読み方を調べることです。モッさんに読み方を尋ねると、「じようしゅうおしょう、ちなみに……、答は理屈じゃないんだよ。成り切るものだ。頭でっかちなお前には時間がかかるだろうね」

さて、いよいよ本番です。老師の前で、必死になって覚えた公案を棒読みしました。するとと老師が一言、「どうじゃ」。

何が「どうじゃ」なのかさっぱり分かりませんが、この公案の模範回答として、「腹の底から『ムウー』と叫ぶ」とあったのを、以前どこかの本で読んだことがあったので、試してみることにしました。

「ムウゥ……」と、大きな声を出そうとしたら、「声が大きい、外に漏れるじゃないか」と老師に止められました。どうやら、内容はともかく声のボリュームだけが問題のようでした。次の日にはもっと小さく「むぅ……」とやると、「うむ、見処《けんじょ》（註　公案に対する弟子の理解のこと）はそれでいいが、なぜそれでいいのか、説明してごらん」

これには当惑しました。「理屈じゃない」はずの公案を「説明してごらん」と言うのです。

「仏性（註　ありとあらゆるものに備わっているとされている仏の性質）が無いということか」

そのはずはない、それでは簡単すぎます。

「いいえ、仏性がないというわけではありません」

「それじゃ、なにが仏性じゃあ」

深く考えもせず、「無こそ仏性」と答えると、「そうじゃ、それでいいんじゃ。つぎに雑所《ざっしょ》を調べて来い」とあっさり許されました。

雑所というのは、大事な公案を通った後に学ばなければならない復習問題のことです。それが十ほど書いてあるコピーを渡されました。

しかし、ここにもややこしい文言があります。

「尽大地沙門の一隻眼、何処に向ってか屙《あ》屎送尿《しそうにょう》せん」

また夜中に東司《とうす》（註　僧堂のトイレのこと）の灯りを利用して調べましたが、なかなか分かりません。「尽大地」とは全世界のことでしょう。「沙門」とは雲水の古い言い方です。「一隻眼」とは目玉一つのこと。しかし、「屙屎送尿」の「屙」の字が辞書に載っていません。次の朝モッさんに聞いたら、

「このバカ。クソをし、小便をすることじゃないか。一晩中、東司で何を調べたんだ。ところで、この『何処』の読み方って分かる？」

「それくらい分かりますよ、先輩。『どこ』でしょう」

「ブー。老師の前では『いずれのところ』と言わなければ通らないよ」

そうか、つまり老師の前で用を足せ、ということらしい。とは言っても、実際にはそのマネで十分。衣をめくり、しゃがむだけで「そうじゃ」と通されるそうです。

ある日のこと。

「上、人頭を獲る、中、人容を獲る、下、人脚を獲る。疑義すれば即ち喪身失命せん」

という公案が出されました。私の頭には人食い怪獣のイメージが浮かび、とりあえず老師の前で「ガオー」と叫んだのですが、老師は頷かない。すると老師は身体を乗り出し、思い切り私の太ももに噛みついてきたのです！　臨済宗の一派の管長が、そんなことをするなんて！　今まで老師は、何百人の新米雲水の汗臭い脚を噛んできたのでしょうか。この人は〝本物〟だなと思った瞬間でもあります。

不眠不休の臘八接心

一年の内で一番厳しいのが、十二月一日から八日の朝方まで行われる「臘八接心《ろうはつ》」です。とにかく朝から夜まで坐禅三昧。期間中の一週間、一切横になることが許されません。深夜二時まで坐禅をして、居眠りが許されるのは二時から三時までのみ。しかもお堂の中で坐ったままの姿勢です。三時からは再び坐禅。一日中警策で叩かれながら坐禅を続けるのです。

当然意識は極限状態に陥り、臘八接心ではみなそれぞれ幻覚を起こします。周りのものが透明に見えたり、松の木に光明が射したり。幻聴も聞こえてきます。自分が寝ているのか寝ていないのか、その区別がつかなくなり、意識の流れが途切れ途切れの状態になります。まるで音飛びのする傷だらけのCDみたいな感覚です。このような経験をすると、普段は確かであるはずの「私」という存在の脆さに誰しもが気付きます。もはや感覚の中心に「私」はいないのです。「私」というのは、そのCDの傷に過ぎないのではないかと思うほどです。

この接心もやがて終わり、一週間ばかり通常のスケジュールが続きました。しかし、十二月十五日から再び接心が始まりました。この接心で初めて「飯台看」という給仕役を任されました。モッさんと二人で「飯・汁」を運び、正坐をして高単から順に器に盛っていくのです。

立ったり坐ったりを繰り返していると、やがて左足の指に鋭い痛みが走り、思うように立ち上がれなくなりました。しかし給仕中にそれを訴えるわけにはいかず、モッさんに助けてもらいながら、何とかその場をしのぎました。

モッさんには「どうした、その足？　大丈夫か？」と心配されました。

「痛いけど、我慢できない痛さではありません」

「今は接心だからな、しばらくは我慢しておけ」

結局、ここで足を痛めたことが、私の下山を早める理由の一つにもなりました。

方便が利く

入門から二ヶ月強、十二月半ばの接心が終わると、段々と「方便が利く」ようになりました。「方便が利く」とは僧堂特有の表現で、一定の期間が過ぎたころに僧堂の規則が緩められることを表します。その中で一番ありがたかったのが、障子です。それまで風が吹いても雪が降っても、僧堂の障子は坐禅中、常に開けっ放しになっていたのですが、十二月後半になってようやく閉めることが許されました。京都の冬は厳しく、新米雲水は襦袢の下に半袖のTシャツ一枚しか着ることが許されていませんでしたから、これは助かりました。私は寒くなり始めた頃、「どうせばれないだろう」と高をくって、長袖シャツを七枚も重ね着したことがありました。しかし、これは警策の音と感触でバレて怒られました。それでも、上には上がいるものです。

「フワフワの下着にしたのがいけなかったのだ。俺が新米の時は、衣の下に革ジャンを着てたぜ。あれならバレない」

ゲンさんです。方便の上級者というのはこのことでしょう。

二ヶ月ぶりにお風呂に連れて行ってもらったのも、方便の一つでした。

そもそも僧堂には、「四」と「九」のつく日（註　僧堂では「四九日」と言う。その日は托鉢を行わず、内外の大掃除に当てられる）に「開浴」といって、雲水の入浴が許される機会があります。しかし実際に五右衛門風呂に浸かれるのは、高単の先輩だけ。新米雲水はお風呂を薪で沸かしてから、先輩の背中を流さなければいけません。先輩が風呂から上がったら、一刻も早くフッさんに「堂内、開浴終了いたしました」と報告しなければならないので、自分たちがゆっくり浸かる時間はありません。残ったお湯を桶で身体にかけるだけで、溜まった垢を流さなければなりません。さらに困ったのは、入門から三ヶ月間は石鹸の使用も禁止されていたことです。

ある日のこと。モッさんに「今日の夜坐が終わったら、銭湯に行こう」と言われました。

「外へ出てもいいんですか」

「『出ていい』というわけがない。しかしこれも方便のひとつだ。俺だって、半年前に先輩に銭湯に連れていってもらったよ。そのときは、今のお前同様、俺は『臭い』ことで有名だった」

なるほど、そういうことでしたか。それも当然のこと、数ヶ月間わずかのお湯を身体に掛けただけで、石鹸も使わず過ごしていたのですから。私は自分の臭いにはまったく気づきませんでしたので、「それは失礼しました」と心の中で詫びました。

「しかし、どうやって外に出るんですか」

「お前はまだ気づいていないのか。先輩はほぼ毎晩、塀を乗り越えて外に出ているよ」

十一時過ぎ、モッさんについていくと、塀の内側にあらかじめ高さ一メートルほどの木箱が用意されているではありませんか。路地に人の行き来がないことを確認してから、向こう側へと降りました。表通りに出ると、町は恋人同士であふれていました。この日はちょうどクリスマス・イブで、あちこちにツリーが飾られていました。

モッさんは、僧堂から一番近い銭湯を通り過ぎていきました。

「あそこは今頃先輩が入浴しておられるので……。これからデートらしいよ」

先輩雲水の中には、塀を越えて、大学時代に付き合っていた彼女と今でも逢引きする人もいたようです。あの厳しい修行生活と恋愛を両立させるなんて、なんというエネルギーでしょう。呆れるというよりは、感心した覚えがあります。

銭湯はかなりの人でにぎわっていました。脱衣所で作務衣を脱ぐと、私たちの周りから人が離れていきました。申し訳ない気持ちでいっぱいでしたが、こちらも必死です。そんなことにいちいち構ってはいられません。身体を洗いジェット・バスに入ると、気分は極楽です。

モッさんと二人で、ジェット・バスの泡の噴出口に股間をあて、

「泡プクプク、ちんちんプイプイ」

まるで子供のようにはしゃぐ二人でした。

入浴後、脱衣所で牛乳を飲みながらテレビを見ました。平和なひと時でした。

「モッさんは彼女とか、いませんか」

「いないよ。俺は僧堂に入る前に別れた。四国だったからな」

「それにしても、あの檻に戻らないで、このまま四国に帰って、コタツの中でおかあさ

んにみかんの皮を剝いてもらうという生活も悪くないじゃないですか。どうして明日の三時からまた寒い思いをして修行を続けるのですか?」

「そりゃお前、このままじゃとても親に合わせる顔がないだろ。本山でちゃんと資格を取っておけば、表に出たときには胸を張れるよ。一生、檀家に拝まれながら暮らせるからね。三年間の辛抱だよ。

それよりも俺にはホッさん、お前のことがよく分からない。曹洞から臨済にやって来て、将来お寺を持とうとも思っていない。お前こそ、このまま僧堂に戻れるのか」

言われてみればその通りでした。

なぜ、私は修行をしているのか——。

風呂を上がってから、ジンジン痛む左足を見下ろすと、それは以前よりも赤く腫れていました。私は考えました。今頃、手をつないでロマンティックに町を歩いている若者たちも羨ましいし、ツリーの下で穏やかなクリスマスを過ごす家庭の温かさに憧れていないわけでもありません。

ならばなぜ、自分は僧堂に居続けるのか——。なぜ、私は修行をしているのか——。

この問いを自分自身にあらためて向けてみました。

「生きる」ことは、問題ではなく答えだった

モッさんの問いかけもあり、また久しぶりの入浴で気持ちに余裕が出たのか、自分が今置かれている状況を客観的に見つめることができました。

以前、モッさんに「坐禅のどこがいいんだ？　好きで坐禅をやっているお前の気持ちが分からない」と言われたときに、「たとえば、時速二百キロでアウトバーンを走っているようなものです」と、ちょっと違うなぁと思いながら答えたことがありました。

「そうか、スーパーモードか。俺もバイクに乗っているとそういうことがあるよ」

モッさんはそのとき妙に納得していたようでした。

安泰寺での接心は痛みとの戦いが多かったのです。死にそうになって、歯を食い縛って「もっとがんばらないと」と力んで坐っていたこともよくありました。しかし、あるときの坐禅で決心がつきました。

「どうせ死ぬのだから、今ここ、この一炷の坐禅で死のうではないか。もしここで死ねたら、本堂の裏に骨を埋めてもらえるはずだから、こんな光栄なことはない」

死んでもよいと決めたのですから、痛さの中でリラックスすることができました。

意外なことに、死ぬどころか、それ以降の坐禅はうそのように楽になったのです。ある限界を超えてしまうと、「私が坐禅している」という感覚が、「坐禅が坐禅している」という感覚に変わってしまいました。私が歯を食い縛ってがんばらなくても、坐禅が私を運んでくれているということが分かったのです。

京都に来てから、この体験はさらに深まりました。ある日、東司に入ったときでした。ここでのひと時は、安心して過ごすことのできる貴重な時間です。その日もほっとひと息つきながら、窓の向こうに目をやると、木の葉の上に溜まった露に、太陽の光が反射するのが見えました。何のことはない、ありふれた光景でした。がしかし、です。

この葉っぱも、この露も、そしてお日様も、私と共に息をしている。これら自分を取り囲んでいるはずのすべてのものが、私の本当の姿だったのだ、と強く感じました。

「私は生きている！　命は私を生きている！」

それまで「私はどうして生きなければならないのか」という疑問が頭から離れず、そのことばかりを考えていました。しかしこのとき、「生きている」ということは、哲学的な難問ではなく、「答えそのもの」である、ということにはじめて気づいたのです。

もちろん、すでに安泰寺でも同様のことを教えられていました。

「気づいていても気づいていなくても、みな天地いっぱいの命を生きているのさ。頭でそれを理解しようとするから、間違ってしまうのだ。その頭を手放すことこそが坐禅だ」

坐禅の意味を訊ねると、師匠は決まってそう答えました。

「生きる」というのが問題ではなく答えである、ということの真実を突いた至言です。

しかし私は、安泰寺ではまだ頭で考える余裕があり、坐禅以外のときには「頭を手放す」まではいきませんでした。ところが京都の僧堂では、理屈をこねる余裕がまったくありません。自ずと頭を手放さずにはいられない環境が用意されています。「手放そう」と意識しなくても、頭を手放してしまうのです。そうなると、心は非常に楽になりますし、怖いものもなくなります。

道元禅師の「現成公案」にも、「仏道をならふといふは、自己をならふ也。自己をならふといふは、自己をわするるなり」に続いて、

「自己をわするるといふは、万法に証せらるるなり。万法に証せらるるといふは、自己の身心および他己の身心をして脱落せしむるなり」

とあります。

自分を忘れるということは、一切のものの中に本当の自分を見出すこと。これこそ自分の身心脱落（身と心の解放）でもあり、一切の解脱でもある、と解釈しています。すべてのものと共に息をしていることを確認できた、私の境地でもありました。

その夜、モッさんと二人で再び塀を越えて僧堂に戻ったのは言うまでもありません。

我が名は、「ゲシュタポ」

年が明けると、それまで放置していた左足がパンパンに腫れて紫色に変色していました。その足を見たゲンさんもさすがに驚いて、「もっとはよう言わんかい！　足は雲水の命だろうが」と腹を立てました。翌日、ようやく病院に行くことが許されました。診断結果は「疲労骨折」でした。どうやら、正座から立ち上がる際に足の指にひびが入ってしまったようです。

徐々に回復し、二月になると、老師のアメリカ講演旅行に通訳兼カバン持ちとして随行することになりました。老師の恩師の一人は、禅をアメリカに紹介した、あの鈴木大拙でした。そのご縁で一九七〇年に一年間カリフォルニア州に留学して、禅を説いたこともあったようです。

老師はどこでも人気者でした。特に彼のキャッチフレーズである、「禅はフリー・マインドだ、オープン・マインドだ」は受けました。日本では抹香臭いと敬遠される仏教も、アメリカでは新鮮に映るようです。

「僕のうつ病は、坐禅で直せるのでしょうか？」

「普段どんなものを食べているのですか？」

「老師のセックスの経験は？　同性愛をどうお考えですか？」

きわどい質問に対して、エビス顔の老師が笑顔で応対すると、あの理屈っぽいアメリカの大学生も深く追及しません。

アメリカから戻ると、日本はすでに春を迎えていました。僧堂には新しくキチさんという新到雲水が入り、私は末単から卒業することになりました。多くの雑務から解放され、余裕が出来ました。

やがて夏を迎えると、私も「巡警」という警策を打つ役が回ってきました。後輩はキチさん一人しかいませんから、同輩・後輩に加えて半年先輩まで打っていいことになりました。それまで叩かれっぱなしだったのが、ようやくこれでやり返せる、とまでは思いませんでしたが、新しい立場を経験できるのは新鮮でしたし、嬉しく思ったのも否定できません。

ゲンさんが堂内の雲水を連れて、ボウリング場に遊びに行ったのもその頃でした。いつものように夜坐が十一時に終わると、一人また一人、静かに塀を越えていきました。翌日の起床時間はいつもの三時であるにもかかわらず、皆全力でボールを投げ続けました。そこには「修行」と「気晴らし」の差などありません。ましてや次の日のことを考えて手など抜いていたら、「お前はそこまで計算して行動しているのか。それじゃ雲水失格よ。常にアクセルを全開にしろ」といわれるのがオチです。

帰りのタクシーの中でのこと。運転手さんが話しかけてきました。

「いやー雲水さん、ありがたいご修行なさってますな。『吾ただ足るを知る』という仏教精神、僕も見習いたいな。お坊様は一切衆生の救済を願っていると伺っていますが、高尚な仏法でどうしたら僕のような凡人が救えるのでしょうかね」

実に鋭いことを聞いてきます。京都の運転手さんは、日頃、ナマグサ坊主と接する機会が多いのか、そういった疑問を当然のように抱いているのでしょう。

それに対して私は適当に相槌を打っただけで、何も答えることが出来ませんでした。

僧堂に戻ったのは三時前でした。起床の合図までに残された時間はわずか。その日の朝の巡警は私の番です。朝の坐禅中に起きていた雲水は、当然のことながら一人もいませんでした。そのまま見過ごしていては、警策を握っている私の立場がありませんから、叩くことが許されていた数人には休むことなく警策を入れました。その回数はいつもの倍以上だったはずです。

前夜のボウリングのことを何も知らないフッさんは、その日の休憩時間中、ゲンさんに尋ねたようです。

「今朝の警策、俺のところまでよう響いたじゃないか。誰が打ったのか」

「この頃、ホッさんにやらせてみているのですが……」

「ほう、ホッさんか。たくましくなったな」

「あいつは叩かれるといやな顔をするんですけれども、叩くのが好きで仕方ないみたいですよ。面白い奴です」

これ以降、「警策を握れば目つきが変わる」というので、「ゲシュタポ」という、有難くないニックネームまでつけられました。ドイツにいる父親には決して聞かせられないニックネームです。

この修行で、はたして人を救えるのだろうか

この数ヶ月間、私の中で確かに何かが変わりつつありました。あれだけ抵抗していた僧堂の空気を受け入れるようになった一方、「そろそろ新たな一歩を踏み出さなくては」という焦りのようなものを感じるようになったのです。

ついに僧堂を下りることを決意したのは、入門から約十ヶ月経った夏のことです。朝の庭掃除の時に、決定的な出来事が起こりました。

安居《あんご》の順番ではナンバー・ツーのトクちゃんという雲水がいました。僧堂のタフな生活を生き抜く上で必要な、「要領のよさ」の欠片も持ち合わせていない人物です。失敗があまりにも多いことから、ついに上下のヒエラルキーから外されて、常に下っ端扱いという、可哀想な立場にありました。かつては後輩だったゲンさんに目をつけられ、ことあるごとにひどい仕打ちをされていました。

その日も、ゲンさんはトクちゃんに、「倒れるまでこの杉の木に頭をぶつけろ」と命令しました。誰もその理由は分かりません。

しゃがんで草むしりを続けている皆の耳に、トクちゃんの額が木の幹にぶつかる鈍い音だけが響いてきました。私を含めた誰もそれを咎めるわけでもなく、何か言おうとす

らしません。フッと見上げると、トクちゃんの額からかなりの量の血が流れています。その様子を見て黙っていたのは、仲間である私たちだけではありませんでした。後日の本山出頭の際、ある和尚さんが「おい、その頭はどうした」と心配して声を掛けたところまではよかったのですが、「はい、剃髪で剃刀が滑ったのです」というトクちゃんのあまりにもとってつけたような嘘に、「そうか、もっと気をつけてくれよ」と答え、それ以上追及するようなことはしませんでした。

しかしそれよりもまずは、一番身近な立場にいる私や仲間たちの対応に問題があります。トクちゃんが血を流しても、見て見ぬふり。誰も積極的に彼を救おうとは考えません。

先日のタクシーの運転手さんに突っ込まれたように、はたしてこのような修行を続けることで人は救えるのでしょうか。仏法を学び、衆生を救うなんてこととは、無関係な気がしました。仲間の一人を庇う勇気すらないのですから……。

ましてや私はドイツ人です。

「たった一人で行動しても無駄だ」という理屈で、それまで共に生活していた何百万人ものユダヤ人を見殺しにした歴史を、ドイツは持っています。その反省が強くあるので、周りがどんなに間違ったことをしていても、自分ひとりで立ち上がり、自分で正しいと思ったことを発言し実践しなさいと、学校でも教えられるのです。

ところが今、自分が日本でしていることは、昔のナチスドイツ時代の国民と全く一緒ではないか――。

そのような疑問をもはや抑えることができなくなりました。無力感に苛まれた私は、ひそかに下山の決意を固めたのです。

選佛場

禅堂の入り口の上には「選佛場」と書かれた大きな額が掛かっています。「仏を選ぶ所・仏に選ばれる所」、という両方の意味でしょう。入門者は人間として立派になろうという思いを振り捨てて、仏になることを志さなければなりません。そのためには、人間としてのエゴを殺すこともまた要求されます。ところが、仏教では本来人間と仏を比較して合格・不合格をいうものではありません。「心仏及衆生、是三無差別」(華厳経)です。一切を仏の命へ選りすぐっていくのが「選佛」の本当の意味でしょう。

しかし、僧堂の現実は甘くありません。集まっている雲水のうち、十人が十人とも仏として認められるのではなく、百人のうち多くても一人だけが選出される、という厳しさがあります。そして、残された九十九人のことはあえて問題にされません。極端な言い方をすれば、一人の仏を作るためには、残り九十九人を切り捨ててもよいという考え方です。なぜならば、「仏」の前では「人間」の価値なんて無に等しいとされているからです。

しかし、この考え方に対する疑問を私は拭いきれませんでした。

私自身が僧堂で受けた扱いを思い出すたびに、腹が立ったり不満を覚えたりすることは今やありません、むしろ感謝の気持ちの方が大きいです。しかし私が、自分がされてきたようなことを後輩にするかといったら、それはできません。入門して二年目になれば、自然と高単という立場になり、もはや一年目のように被害者づらしているわけにはいきません。加害者側に回り、やがて共犯者となるのです。そのことがたまらなく嫌だったのです。

僧堂を出る決意をした一番の理由はここにあります。

誓約書にあるように「大事了畢迄」、つまり悟り（その内容のいかんは別として）を開いてからドイツに帰ったとしても、ここで経験したような本格的な臨済宗流の修行が通用するはずもありません。

「どうしたら人を救えるのでしょうか」と問われたら、もうお手上げです。

第二の理由に足の骨折があります。ひびが入ってから半年以上経ちましたが、負担をかけるとかなりの痛みを伴います。「足が命」という雲水生活を続けるのであれば、これ以上ここでの生活をすることは不可能です。

僧堂生活をほんの少しかじっただけで、「何がいえるか」という反省は確かにあります。僧堂のあり方の大切なところで、見えていないこともたくさんあったと思います。何年かいたら、きっとまた別な見方をしていたはずです。モッさんたちの生きる姿勢から多くを学んだことも確かです。彼らは「自分のために修行している」私に感心していましたが、私はむしろ、自分のためではなく、お寺のため、檀家さんのため、師匠である父親のために修行をし、自分を投げ出している彼らの姿勢に感心せざるを得ませんでした。

安泰寺の堂頭さんに「暫暇願い」を出してもらったのは一九九六年の八月です。十ヶ月前と同じ格好で、同じ参道を下りていきました。

あの時と何が違うかといえば、私自身でした。

駅までの道を歩きながら、すべてのものが新鮮に感じられました。盛夏の太陽、さわやかに吹く風、車の騒音、子供たちの声、信号の「赤」や「青」……。

「すべては生きている！　皆が私の命！」

一年弱の修行で得たのは、この実感です。今振りかえってみても、この実感を得るためだけでも、あの一年の価値はあったと思います。どん底においても、命の働きそのものが私を支えてくれているという確信をつかめました。「命が命を、私が私を生きている」というのが、同一の働きでした。また、これだけ「自分を殺す」環境に身を置いたのですから、これから安泰寺に戻っても、どこへ行っても、そう安易な自己主張に流されることはもうないでしょう。

「日本仏教」をアレコレ批判する以前に、まず私自身が「どんな顔をしているのか」が問われているということに気づいたのです。この気づきがなければ、日本仏教に失望したまま、国に帰ってしまったことでしょう。

第五章　師匠との決別

大藪先生との再会

京都の僧堂を出てから、再び安泰寺に身を置くまで、私はあちこちで修行の日々を送っていました。

まずは、一人になるため山にでも籠もろうと、安泰寺から自転車で三、四時間離れた氷ノ山《ひょうのせん》に向かいました。ここで五週間、「仙人ごっこ」を決め込みました。

それから、福井の若狭湾近くの発心寺に安居することにしました。今のうちに曹洞宗の教師資格（註　この資格があれば、いずれは寺の住職になれる。出家得度式を行い、弟子を持つこともできる）を取得するためです。

翌年のお盆過ぎに発心寺を後にして、いよいよ安泰寺に戻ることにしました。その前に、以前イタリアでお会いして以来ご無沙汰していた、大藪先生のもとを訪ねることにしました。大藪先生は、末期ガンで「余命三ヶ月」という診断を受け、イタリアから帰国し、紀伊半島にある空き寺の住職になっていました。

「やぁ、ひさしぶりだ」

八月末の午後は暑かったのですが、先生が私をパンツ一丁で迎えたのにはさすがに驚きました。こちらは言うまでもなく、網代笠に草鞋、衣の上に絡子といった、正式な行脚姿です。「何を学ぶためにわざわざ日本まで来たのだ？　つまらない形式主義か。その衣を早く脱げ、暑苦しいだろ」と言われ、着物だけになると、近くの温泉に連れて行かれ、「内側の垢を落とすのにはこれが一番！」と、ビールをすすめられました。

「安泰寺でのお前の修行はどうなっているんだ？　今の堂頭は厳しいらしいな。覚玄も恵海もとうとう逃げ出したんだろ？　お前もまさか、夜逃げして俺のところに来たんじゃないだろうな」

「いいえ、ご心配はいりません。実は安泰寺への帰路の途中に寄っただけです」

「そうか、それは安心した。俺はもう引退したからな。一緒に酒を飲むなら、いつでも付き合ってやるけど」と、先生は新しいビールの栓を抜きました。

「俺の師匠だってさ……。今でこそ彼を神様のように崇拝している人もおるが、一番弟子の俺の身にもなってくれ。たまったもんじゃないよ。彼は朝の十時まで寝て、新聞を広げて飯を食う……そして『僕はねえ、頭が痛いの』とか呟くわけ。こっちの知ったこっちゃないのにな。仮に点数をつけるとしたら、マイナス五十が妥当だと思う」

まさか。安泰寺六代目住職、海外でも有名な禅僧・内山興正《こうしょう》老師のことです。

「しかし、彼にもすごいところがあったよ。三十年間ついていた沢木興道が亡くなったとき、あの興正はなんといったと思う？　『沢木老師は〝最後の禅僧〟と言われていた。私はこれからの時代に向かって〝初めての禅僧〟を目指す』だとさ。今、アメリカなんかでは、沢木興道よりも内山興正が有名になったじゃないか。師匠を見事に超えてしまった。ところが、その内山興正を作ったのは、他でもないこの俺だよ。そうさ、俺の創造物だ。ここが大事なんだ。弟子が師匠を作らなければならない。バカな弟子のところには、バカな師匠しか現れてこないのだ。さぁ、お前の師匠はだれだ」

大藪先生の極端な言い方によって、私は目からウロコが落ちる思いがしました。「安泰寺を創る」ということは、「師匠を創る」ということをも意味していたのです。

道元禅師は、『学道用心集』という書物の中で、次のように書いています。

行道は導師の正と邪とに依る可きか。機は良材の如く、師は工匠に似たり。縦《たと》い良材たりと雖《いえど》も、良工を得ざれば、奇麗未だ彰われず。縦い曲木と雖も、若《も》し好手に遇わば、妙功忽《たちま》ち現わる。師の正邪に随って、悟りの偽と真とあること、これをもって暁《さと》るべし。

師弟関係は彫刻家と木材との関係と同じということです。ひねくれた弟子でも、優れた師匠に会えば、素晴らしい成長をみせるが、弟子がいくら優秀でも、師匠がダメならダメ。修行の成果の全責任は、師匠の肩にかかっている。

しかしこれは、師匠となる人間にとっては大切な教訓ですが、弟子の立場にあるときは、「私の修行が進まないのは師匠が悪いから」と、責任逃れの言い訳に使われる可能性もある。大藪先生はそこを見抜いていたのです。

道元禅師はまた、中国で仏教を学び、それを日本へ持ち帰ったとき、こう語りました。

只だ是れ等閑《なおざり》に先師天童に見《まみ》えて、当下に眼横鼻直《がんのうびちょく》なることを認得して、人に瞞《まん》ぜられず。便乃《すなわ》ち、空手にして郷に還る。所以《ゆえ》に一毫《いちごう》も仏法無し。

師匠から教わったのは、「眼横鼻直」つまり「眼は横につき、鼻は縦に伸びる」という当たり前の事実でしかなく、それ以外に仏法はないというのです。道元禅師は手ぶらで中国から帰ってきました。この「空手還郷《くうしゅげんきょう》」を、道元禅師の別な表現に置き換えれば、「身心脱落《しんじんだつらく》とは坐禅なり」ということでしょう。

つまり一切を手放すことです。この「身心脱落」という表現こそ、道元禅師が中国の師匠から聞いて、後の修行を方向付けたものだと言われています。ところが、道元禅師の師匠である天童如浄《てんどうにょじょう》禅師の語録に「身心脱落」という表現はありません。そこにあるのは「心塵脱落」という言葉のみ。日本語の読みは同じですが、中国語の発音は違いますし、意味も全然違います。「心の塵を落とす」ということは、禅の立場から見れば二元論的で、あまり面白みのない表現です。ここにいくつかの学説が生じてきました。

①道元禅師は師匠の言葉を聞き間違えて、「心塵脱落」を「身心脱落」としてしまった。

②道元禅師は、「心塵脱落」の意味するものを掘り下げて、あえて「身心脱落」という独自の表現に替えた。

③如浄禅師は、時と場合に応じて「心塵脱落」とも「身心脱落」とも言った。中国の弟子達がまとめた語録には「心塵脱落」という分かりやすい表現しか残っていない

が、道元禅師のみが「身心脱落」の重要性に気付き、それを日本で広めた。

いずれにせよ、弟子によって師匠から学び取れるものが違ってくるという事実を証明しています。大藪先生の話を聞いて、早く安泰寺に帰らねばならないという思いが強まりました。やはり、私がやり残したことは、安泰寺にある、そう強く感じたのです。

「地に起く」。再びの安泰寺

若因地倒　還因地起　（地に因りて倒るるがごときは、還って地に因りて起く）
離地求起　終無其理　（地を離れて起きんと求むるは、終に其の理無けん）

安泰寺の本堂まで続く、百九段ある石畳の階段。その麓の両脇に立てられてあった柱に書いてある言葉です。そこには門も何もありませんが、私たちはこの二本の柱を「山門」と呼んでいました。ここを通り抜ける者は大概、自分の生き方に悩み、あるいは現実のあり方に苦しんでいます。それを解決しようと、寺に辿り着いた者です。

私もまたその一人でした。自分が今向き合っている問題を、この一生の間に解決できなければ、人間としてこの世に生まれてきたことが無意味であり、たとえ百歳まで生きていたとしても、それは無駄な時間の連続に過ぎません。私がそういった思いにかられて、初めてこの「山門」をくぐってから、七年間という長い年月が流れてしまいました。安泰寺で雲水として四苦八苦し、京都でさらに苦しんだことで、この「山門」の二本の柱に刻まれていた言葉の意味が、少しずつ分かり始めました。

「地に倒れる」とは、「現実の壁」にぶつかること。思えば私は、子供の時から、生きていても何かと空しかったのです。ところが、その原因を直視せず、その解決を中身のはっきりしない「悟り」に求めました。しかしそれでは、「地に立つ」ことにはなりません。

「地に立つ」とは、つまり、目の前の現実を力いっぱい生きることです。どこからかやって来るものを期待するのではなく、まず自分自身をこの現実の中へと投げ込むことです。そしてこの場合の「地」は、安泰寺の場合、単なる比喩ではなく、文字通りの「土」でもあります。「心《しん》土《ど》不《ふ》二《に》」という言葉に示されるとおり、安泰寺の勉学は単なる哲学ではなく、田んぼの泥沼に入って草をとり、土砂降りの中で山から原木を運び出すことです。誰にも感謝されず、朝早くから竈《かまど》の前に立ち、慣れない料理を作るのも、山羊の蹴りをかわしながら乳を搾るのも、現実の地に立ち返ることでした。仏道は別世界にあるのではなく、自分の足元にあったことを、今再び安泰寺に至る階段を登りながら、あらためて痛感させられました。

安泰寺に戻ったのは結局、一九九七年の秋のことでした。

雲水は十人に増えていて賑やかでした。それだけの人数がいれば、作務も分担されるので、以前より過酷ではありませんでした。しかし、すでに覚玄さんも恵海さんも雷童さんも、そして私と一番仲の良かった永心さんも山を下りていました。リーダーシップを取っていたのは、福井の発心寺で一緒に掛搭していた琢磨さんでした。琢磨さんは、堂頭さんのもとで、「嗣法《しほう》」を受けていました。嗣法をすれば、弟子は師匠の後を継ぐことも出来れば、独立して弟子を持つことも出来ます。琢磨さんが、いずれ安泰寺の後を継ぐのではないかと、誰しもが思っていました。

寺の経営がピンチです

ある日のこと、師匠が切実な面持ちで切り出しました。

「安泰寺には金がない。今後どうやって寺を支えて生活するか、お前ら自身のことだから、各自で考えて提案して実行に移すこと。托鉢以外なら、何をやってもいいぞ」

これは大変なことになってしまいました。今まで寺の経済基盤など考えたこともなかった私たち雲水に、金儲けの手段を考えろというのですから。

先述しましたが、安泰寺が京都から但馬地方の山に移転したのが一九七六年のことです。日本の高度経済成長の最中でした。当時の雲水たちは、兵庫県庁に「取得理由書」なるものを提出しました。少し長くなりますが、それを引用します。

豊かな生活を追い求めることのみが多すぎて、人間性の高貴なるもの、尊厳ということが忘れられつつある時、宗教本来の果たす役割である豊かな人生ということを、発現し展開することが、我々修行者の使命でなければならない。宗教という名のもとに、利潤を追求したり、豊かな生活を願望すること自体が、宗教者、修行者自身を放棄することであるから。(中略)なに故に都会からこのような山深い地に移転するのかと、多くの人に問われたことであった。その問いは実は、我々自身が己れの内面に向かって終生問い続け、そして忘れてはならないことである。中国唐代の百丈禅師は、坐禅修行者の僧団を初めて開設した人であるが、その中心となるものは、『一日為さざれば、一日食らわず』であった。禅宗本来の姿はそこにあった。（中略）宗教は真実に真剣に個々人の人生を生きようとする教えであるから、内容の伴なわない観念や思想であってはならない。汗を流して泥にまみれて耕作し、完全自給自足し、その中で坐禅を行じてゆくことが、我々修行者の果たさなければならない責任であり、うちに向かっての革命である。

当時安泰寺にいた雲水の年代は全共闘世代が中心で、学生運動に挫折し、修行僧という新たな形で日本の社会に挑もうとしていた者も何人かいました。ところが、寺を移転してから、彼らがまず何を作ったのかというと、大きな野球場であり、テニスコートです。「山を駆けめぐり、風を身体全体で感じてみたい」と、馬も飼いました。そのために必要な資金は、京都の境内を売却したことで得たものです。

そもそも、「完全自給自足」というものは厄介です。完全な自給自足とは何かがはっきりしないからです。台所の竈《かまど》の火は薪で賄っても、田畑の耕作のためには、農機具も燃料も買わなければなりません。電気代を払わないわけにもいきません。現金収入のため、最初は大根を大阪の中央市場などに卸しましたが、連作で売り物にならなくなってしまったそうです。山菜のゼンマイやワラビ、フキ、ワサビも望んでいるような値段では売れず、赤字を埋めるために、沢木老師の掛け軸やお袈裟が売却されたようです。

私が初めて安泰寺に来た一九九〇年の秋、寺の境内はすでにバブル崩壊後の閑寂なテーマパークのごとく寂れていました。かつてのテニスコートは松林に、野球場は草刈り場に変わり果てていました。さらに台風が田圃を全滅させ、山道を流してしまったとき、師匠をはじめ雲水は迷っていたはずです。

「金もない、道もない、田圃もない、この状況でどうやって自給自足ができるのか」

当時はまだ傍観者に過ぎなかった私でしたが、このときになって初めて、その問題の大きさを覚りました。

安泰寺が京都から浜坂に移転して約二十年。「どうして今さら、経営のことを言われるのだろう?」と、疑問を持つ雲水も中にはいたはずです。われわれはそもそも、利潤を追求したりするためにここに来たわけではない、と。しかし、師匠に言われた以上、何かのアイデアを出さなければいけません。

「山の水を瓶詰めして売ろう」

「原子力発電所のごみ処理場に土地を提供すれば？　何もせず金が入るのでは」

「テニスコートを再整備して、ペンションを造って女子大生を呼ぼう」

間抜けな提案が大半を占めるなか、琢磨さんのアイデアはかなり現実的でした。

「今の一頭では、会計を支えられないけど、思い切って牛を十頭飼おうじゃないか。毎年子牛を十頭ほど競りに出せば、かなりの額になるよ」

しかしそれに反対したのは、新米の牛係のマイクです。マイクは、カリフォルニア出身、同地で日本女性と知り合い来日、彼女と同棲していたのですが、突然「禅の修行をしてくるので、一～二年待ってくれ」と、安泰寺に飛びこんできたそうです。

「僕はいやだよ。メグちゃん（牛の名前）だって可哀想でしょう。今年の春に花ちゃん（子牛）を競りに出した後も、悲しそうな目で、『ドウシテ？』って訴えてきたでしょ……。僕だって、殺生の手伝いなんて、もうコリゴリだ」

そう訴えるマイクに、誰も十頭の肉牛の世話をしろとは言えませんでした。結局、私が提案した、野菜の販売に落ち着きました。畑の係だった私は、どうやって野菜を販売するか、そのルートを模索し、栽培に奮闘することになりました。年末には、寺の関係者に「無農薬で無化学肥料の有機栽培。お経の声を聞いて育った安泰寺の野菜たちを買いませんか」という案内を出しました。しかし、これは不評でした。大藪先生の「子供がつりぼりで魚釣りをしているような、そんな商売方法じゃないか」という一言で、野菜の販売は終わってしまいました。

翌年、琢磨さんは炭焼きで生計を立てることを提案しました。安泰寺がこの山に移転する前から、近くでは炭焼きをしていたそうで、今でも麓の集落では老人会が炭を焼いていました。OBの覚玄さんもこの話を聞き、元金として数十万円を寄付しました。ところが、釜一つを作るにしてもノウハウが全くありません。しかも、ただでさえ田んぼや畑、そして山仕事で忙しいなか、それに割く時間はありません。「炭焼き」の提案はいつの間にか自然消滅していきました。

やり切れないのは、提案した琢磨さんです。しばらくは炭焼きの研修という名目で、日本中を飛び回っていましたが、冬が近づいたある日、

「明日の朝一番のバスで下山いたします。堂頭様をはじめ皆様、ありがとうございました」と、山を下りてしまったのです。将来を期待されていた琢磨さんでしたから、これには皆一様にショックを受けました。

限界寸前……

一人また一人と山を下りました。マイクも彼女のもとに戻り、やがて雲水は三人だけになってしまいました。当時の雰囲気を、「証道歌」というお経の一節で表現すれば、「栴檀林《せんだんりん》に雑樹なし、鬱密深沈《うつみっしんちん》として獅子のみ住す」ということになるでしょうか。よっぽどの覚悟でこの叢林を守ろうという者でなければ、その「鬱密深沈」とした雰囲気には耐えられません。「鬱密深沈」とは、修行の密度をさらに高め、一鍬でも深く掘り下げて仏道を追究するということです。しかし当時の私にはむしろ、限りなく暗く沈滞しているという、マイナスの面しかイメージできませんでした。

堂頭さんはそれまで坐禅はもちろんのこと、作務にも積極的に関わっていました。ところがこの頃はだんだん沈みがちになり、作業内容をリストアップしたノートを下駄箱の横に置くだけで、後は庫裏の奥に引きこもり、呼びかけても返事がありません。

当時、日誌係を務めていた風太さんは、「雲水三人とも泥どろ状態。ティータイムに説教されて、誰がここから最初に抜け出すのだろうか？　ひひひ。法要も近づき田圃もあり頭へロへロ……」と、その状況を書き残しています。

一九九八年に遷化《せんげ》していた内山興正老師の一周忌のことです。堂頭さんは法要を完璧に取り仕切ろうと張り切っていましたが、慣れない私たちにとってその準備は大変なものでした。

堂頭さんと大藪先生の師弟関係に決定的なひび割れが生じてしまったのも、この法要がきっかけだったようです。安泰寺を任せられて十二年間、その実績と成果を見せたかった堂頭さんと、内山老師の一番弟子という自負からか、堂頭を引退した今でもホストとして振る舞いたい大藪先生。その両者の思惑がぶつかったのです。

法要の夜、大藪先生の一番弟子のOBが、トイレの扉と間違えて、「ヘロヘロどろどろ状態」の風太さんの部屋の扉を開けてしまいました。そこは、爆弾でも落ちたかのように激しく散らかっていたのです。

「修行の場を何だと心得ている!! お前自身の命だぞ。自分の命を粗末にする奴がおるか。部屋の整理整頓くらい、坐禅以前だろうが。今の安泰寺はどうなっている!?」と、風太さんの襟元を摑まえて怒鳴りつけ、窓から放り出そうとしました。

数週間後の朝、散らかった部屋をそのままに、風太さんは姿を消しました。一方、入れ替わりで再び山に登ってきたのが、彼女と別れてしまったマイクでした。

私はこの年の末、安泰寺文集にノストラダムスの〝大予言〟にちなんだ文章を載せました。今読み返すと、穴があったら入りたいくらい情けない文章です。

「あと何回寝れば世の終わり？　今年も作務に追われて終わろうとしている。先の計画も目標もない。二十一世紀も同じ繰り返しか。あぁ、暗い。神様！　一発でこの世を粉みじんにしてくれ。僕らの夢はそれしかない」

格外の志気、感応道交

そんなどん底の折、大藪先生からもらった何通かの手紙に救われました。そこには、フランスの哲学者アランの「悲観主義は気分によるものであり、楽観主義は意志によるものである。気分というものは、正確に言えば、何時も悪いものなのだ。だから、幸福とはすべて、意志と自己克服とによるものだ」という言葉を引いた後に、

「修行の『意味』を問われる正念場を何回もくぐり抜けなければならないだろうし、その業火を何遍も何遍もくぐり抜けた揚げ句のお前自身の『表現』に期待したい。手垢の付いた鼻持ちならない、旧来の欧米人特有の坐禅志向をそろそろ卒業して、無方による無方の坐禅を確立するよう祈るばかりだ。だれにも遠慮はいらぬ。お前はお前だ」

また、内山老師の『天地いっぱいの人生』という本の言葉にも勇気付けられました。

「……なによりも大切なのは自己自身の生命に食欲がおこることです。その食欲がおこるために肝要なものは、環境であり、雰囲気であり、地盤である。いいかえれば空気の通りのいい、よくたがやされた、かつ程度の高い、安泰寺という大地です」

そうだ、今こそ安泰寺を耕すときだ、と必死で自分に言い聞かせようとしました。

この冬の輪講の課題は、道元禅師の「知事《ちじ》清規《しんぎ》」でした。

中国禅のエピソードを使って、叢林それぞれの役職の重要性が説明されます。その一つが、これまでも繰り返し出てきた典座です。

法遠《ほうおん》禅師の雲水時代、帰省《きせい》和尚という「厳冷枯淡たる」師匠にもう一人の仲間と弟子入りしようとしました。真冬にもかかわらず門前払いされ、帰省和尚に冷たい水までかけられます。二人はそれでも辛抱し、水浸しのままで待ち続けました。再び現れた帰省和尚は二人に言いました。

「儞《なんじ》さらに去らずんば我れ儞を打たん(今すぐに帰らないと、ぶん殴るぞ!)」

「某二人、数千里特に来って和尚の禅に参ず、あに一杓の水これを潑ぐをもって便《すなわ》ち去らんや、もし打ち殺さるるもまた去らじ(わざわざここまで来たのだから、水をかけられたくらいで帰れるものですか。たとえ殴られても、殺されても、帰るつもりなどありません)」

そこで初めて入門を許されました。ところが、寺の生活はさすがに厳しい。典座を任されていた法遠禅師は、ある日、師匠の留守を狙って皆のためにご馳走をつくっていました。しかし、帰省和尚は予定より早く帰ってきてしまい、皆と一緒にそれを食べました。食事が済むと、和尚は法遠禅師を「このご馳走はなんだった？」と呼びつけます。

「実に油麵を取って煮粥すや(勝手に油麵を在庫から取って作ったんだな！)」

法遠禅師曰く、「情《まこと》なり」。その責任をあっさりと認めました。罰として棒で叩かれること三十発、そして托鉢による食材の弁償を命じられ寺から放り出されます。仲間を通して帰省和尚の許しを請いますが、聞き入れてもらえませんでした。面会すら許されません。さらに、法遠禅師が泊まっていた寄宿舎の前で、弁償のために托鉢している姿を和尚に見られ、

「これはこれ院門の房廊なり、儞ここにあって住すること許多《いくばく》の時ぞ、曽て租銭すや否や(これは寺の寄宿舎ではないか。宿泊代をちゃんと払っているのか！)」

と、寄宿舎からも叩き出されてしまいました。

それでも法遠禅師はずっと寺のための托鉢を続けます。やがてその姿勢が帰省和尚に

も認められ、叢林に呼び戻され、「真に参禅に意あり」と褒められたのです。

この話を輪講で読んでいたとき、私たち雲水三人は、堂頭さんから耳にタコができるほど言われました。

「お前らに足りないのは、法遠禅師の格外の志気だ。感応道交（六十頁参照）がないのだ。だから何年修行してもダメなんだ。堂頭とウマが合わないといって、山を下りた奴をワシは掃いて捨てるほど見てきた。『仕事が合わないから辞めた、気が合わないから離婚した』……、これは世間の常識だから。しかし道元禅師のいう『格外の志気』とは、わけが違う！」

お前は破門だ！

二〇〇一年の雪解け、大藪先生が突如上山し、堂頭さんと雲水を広間に集めて、再び安泰寺の住職に戻ると宣言しました。そして堂頭さんを方丈に呼び、密室で話し合いをもちました。その内容を知るすべはありませんが、想像するに以下のような問答であったはずです。

「この寺を私物化するつもりですか。私に一任したのは先生ではありませんか。どうして今さら寺を乗っ取ろうとするのですか。そんな権利なんか、ありませんよ」

「俺のためではない、安泰寺のためだ。お前のやり方じゃ、滅法だぞ。ここに来た当初、俺たちは理想に燃えていたではないか。そのことを忘れていないか？　あのときの理想をどこに置いてしまったのだ」

「勝手な理想を押し付けられても、困ります。現実の問題はどうなるのですか。口出しばかりされても、誰が金を出すのですか。私の老後はどうなるのですか。皆は山を下りてから檀家寺に安住しているけど、安泰寺を心配している者は誰もいません。私一人で死守するしかありません。今の時代、小遣いも出ないようなところに、若い人なんか来ませんよ」

「何でも時代のせいにするな！　お前の弟子を見ていても、ぼろ雑巾に似た烏合の衆が虚ろな目つきをして、さ迷っているだけじゃないか。その師匠であるお前は、口を開けば、金のことばかり。金がないからこそ修行に集中できるのじゃないか。お前は高慢すぎる。不如法《ふにょほう》も千万だ。師弟間をどう心得ておる」

「出家とは艫綱《ともづな》を切ることではないですか。何者にも支配されず、一人で大海に出ることです。先生こそ私をいつまで操るつもりですか」

「分かった。お前は破門だ！」

広間で待機していた私たちの耳にはっきり聞こえてきたのは、最後のこの一言だけでした。大藪先生は去り際に私を指差し、「おい、無方。お前はここから動くな」と言い残して行きました。

それから数日後、久しぶりに師匠に呼ばれました。

「お前も、安泰寺に来てから十年以上は経ったなぁ。どうするつもりだ、これからは？」

「私はまだ何も考えていません」

「安泰寺の堂頭になるという可能性なんか、考えていないのか」

この数ヶ月、いや数年間、私は師匠から突き放されているばかりで、表現の仕様のない疎外感を味わっていました。その師匠が、まさかこの私に寺を譲ろうというのでしょうか。

「いいえ、自分にはとてもそんな力量はないと思います。ここを下りれば、いずれ小さな禅道場を持って、若い人と一緒に坐りたいとは思うのですが、この安泰寺は……」

「うん。実は、ワシも無理だと思う。ちょっと確かめたかっただけだ」

それを言うために呼び出されたのか、と思ったら、まだ話には続きがありました。

「先日、大藪先生から『三年以内に、無方に安泰寺を譲れ』と言われたのさ」

「まさか……」

「この間だって、お前宛にも大藪先生から手紙が来ていたはずだが」

「そうですけれども、そんな話は何も書いてありませんでした」

「それは本当か？　そのお前の話を本当に信じていいのか？」

……師匠から後継者として期待されていたわけではなく、大藪先生とグルになってその座を狙っていると疑われていたのです。

その瞬間、安泰寺にはもはや私の居場所などないことを悟りました。

そんな私の気持ちも露知らず、師匠は真剣そのものです。

「お前のために言っておく。大藪先生には気をつけろ。いずれお前自身、身動きが取れなくなるぞ」


それから半年後、大きな布団袋に持ち物を入れて、テントとガスコンロを背負って、私は再び安泰寺を後にしました。この山に戻ることは、二度とないと思いながら――。

第六章　ホームレス雲水

ある決意

安泰寺の堂頭さんに別れを告げたのは二〇〇一年の夏、お盆が過ぎたころでした。日本に来て十年以上、すでに何度か、日本仏教にそして自分自身に絶望してきましたが、このときもまた私は、絶望の淵に立っていました。もう何もかも捨ててドイツに帰り、そこで小さな坐禅道場を開き伝道活動を開始しようと思っていました。坐禅だけが私の支えであり、この坐禅だけを人に伝えたい、強くそう感じていました。

しかし、何も慌てて国に帰る必要はないと思いとどまりました。第一章で述べたように、仏教思想も禅道場も、ドイツではすでにある程度広まっています。むしろそれよりは、無宗教化、あるいは宗教アレルギーの強い日本でこそ仏教伝道が要求されているのではないかと考え始めたのです。

日本には、仏教寺院が七万ヶ寺以上あると言われています。曹洞宗のお寺だけでも一万五千ヶ寺です。ところが、お寺にお参りするのは老人ばかり。限定的な参禅会などを開いていていても、日を問わず修行に参加できるお寺は皆無に等しい。その理由は、外部の参加者が住職をはじめとする僧侶の修行の妨げになるからということではなく、そもそもお寺で修行しているお坊さんがいないからです。現代日本のお坊さんの多くは、仏教を自らの生き る力と考えずに、「葬式法要」に限定した一種のサービス産業と考えているようです。

ならば、そのような修行道場をドイツに帰国する前に、日本に作ってもバチは当たらないだろうと私は考えました。「日本への恩返し」といえば大袈裟ですが、それが今の私にできる唯一のことと考えたのです。しかし、道場を作り維持するとなると、多大な資金が必要です。そのことは安泰寺の生活を経験することで、身にしみて分かりました。もちろん私にそんなお金はないし、そのやりくりに明け暮れるつもりも皆無です。

そこで思い浮かんだのが、「ホームレス」です。

金がないのなら、ホームレスになればいい。氷ノ山の「仙人ごっこ」のときのように、テントで寝泊まりして、野原で坐禅を組めばよいと考えたのです。やるとしたら人の集まる大都会がいい。安泰寺のような山奥も静かでいいのですが、むしろ人と積極的に関わり、一般人を巻き込んで共に坐ることを目指しました。

このアイデアを、京都の僧堂で一緒に修行したキチさんに話しました。キチさんは、すでに大阪の寺で住職をしていました。

「ホッさんって、外人のくせにお坊さんの格好をして……、それだけでも十分面白いのに、今度はホームレス。本当に変わっているなあ」

私には正直、どこが変わっているのか全く理解できませんでした。仏教の親方である釈尊だって、王国の王子という身分を捨て、宮殿を出てホームレスになったのですから。私にはむしろ、葬儀屋の下働きをして、せっせとお経を棒読みしているキチさんのような日本のお坊さんの方が、「随分変わっている」と思いました。

それから、私が安泰寺を出るきっかけともなった、トラブル・メーカーの大藪先生にも、挨拶をしておこうと紀伊半島の寺を訪ねました。

会うなり、先生はすごい剣幕で怒鳴りだしました。

「なぜ安泰寺を出たんだ！　俺はお前を安泰寺の次期堂頭にしようと思っていたのに」

「お気遣いはありがたいのですが、これからは大阪城公園にテントを張って、そこで坐禅会をやろうと思っています。自分で自分の道を歩きますから、心配なさらなくて結構です」

「まあ、そう言うな。俺は二つの寺の住職を兼務しているから、そこで坐禅会をやればよいだろう。それにこれからはお前の力が必要になる」

「申し訳ありませんけど、それは無理です。今はホームレス以外に何もやりたくありませんし、考えたくもありません」

すでに安泰寺は、私の中で過去のものでした。一刻も早く、誰にも縛られない、自分の道を歩み出したかったのです。

ホームレス入門

二〇〇一年九月十三日、記念すべきホームレス雲水生活の始まりです。

夜に大阪城公園に着きました。大阪城の東南にある玉造口。その近くにはかつて大阪府警が拳銃の射撃訓練を行ったという石垣に囲まれた一角があり、高さ十メートルを優に超す石垣の上、見晴らしの良い場所にテントを設置しました。他のホームレスを見習い、周りをUの字にブルーシートで囲みました。そこから正面には大阪ビジネスパークのビルの夜景が、そして左手にはライトアップされた大阪城が見えます。普段はデート・スポットになるほどで、最高に綺麗な夜景でした。

ただ、夜の騒音には参りました。サックスやドラムス、ギターなど、いろいろなミュージシャンがそれぞれの場所で練習をしていて、それは夜明けまで続きました。それが終わってからようやく持参したゴザと坐蒲を堀の淵に並べ、一人で坐禅をしました。ホームレス雲水として初めての坐禅です。二時間みっちりと緊張感のある坐禅の後、「お隣さん」にご挨拶にうかがいました。

「お願いいたします。挨拶が遅れて申し訳ございません。昨夜よりお世話になっている者ですが、今後こちらにテントを張ってもよろしいでしょうか？」

緊張のせいか、僧堂にいるときのような、しゃべり方になってしまいました。

「おお、かまわんよ」

手に提げていた一升瓶がものをいったのか、上機嫌の返事でした。彼の名は洋さんといって、とにかく眼力の凄まじい人でした。

「ここは各々、自分の身を自分で守ってんねんで。手助けなんか、余計なお世話なんかせんやろな？」

この後も、先輩ホームレスの方々から、このような誤解をされることが度々ありました。「あんたは、ホームレスの救済とかいう名目で、この公園に来たんちゃいますやろな」と。もちろん私は、そのような「大きなお世話」をするつもりはなく、ただただ坐

大阪城公園でのホームレス修行生活

禅をしに来ただけです。救済なんて、滅相もない。ただホームレスの先輩として、いろいろ教えを請うために挨拶をしただけです。

そして実際にいろいろなことを教わりました。彼らの多くはアルミ缶を集め、それを売ることで生計を立てていました。当時、一キロのアルミ缶は百円で買い取られていたので、一晩で七、八キロ集めれば、翌日充分な生活ができました。中には、テントの前に「パンク修理五百円」などという看板を立てて、商売するホームレスもいました。「玄関」の前に植木鉢を飾ったり、愛犬を飼ったり、車のバッテリーや発電機の電力を用いて冷蔵庫やテレビを使うなど、それぞれに生活の工夫をして、明るく逞しく生きていました。

ホームレスを救済？　とんでもない。

ホームレスよりも、毎朝肩を落として駅からビルの群れに向かって急ぐ、サラリーマンやＯＬこそ救済しなければ――そのように思っていました。

ディオゲネスの樽

ホームレスと競争して空き缶を拾うつもりはなかったので、数日置きに托鉢に出かけました。京橋や千林、難波や天王寺、たまには神戸の三宮まで足を伸ばしました。托鉢といっても、現金収入の手段ではなく、当初は辻説法の機会だとも考えていました。

「毎朝六時から八時まで大阪城公園で坐禅をしています。一緒に坐ってみませんか？」

と書いたボードを首から提げて立っていました。

後にこの坐禅会を「流転会」と名づけました。「流転」という言葉は仏教用語で、「生々流転」や「流転輪廻」など、「凡夫が自ら積んでしまった業に流されてしまう」という、ネガティヴな意味合いで使われることがほとんどですが、そうではなく、「一切を手放して、この身をも心をも大きな流れに任せる」と私は解釈しました。そして

「流転」という便りを数週間置きにネットカフェで書いて、コンビニで作ったコピーを托鉢のときに配りました。その第一号には、以下のようなことを書きました。

坐禅をして、何になるか？　その答は、『坐禅をしても何にもならない』ということです。私は絶えず、何かを求めて生きてきました。それは金だったり、恋人だったり、学校や社会での成功だったり……。最終的には、そのときの私に欠けていた「しあわせ」を追いつづけていたのです。一生懸命に「しあわせ」になろうとしている私は、今ここ、この自分の本当の有りようを見失って、自分をいつも留守にしていたのです。「しあわせ」になろうとしているうちに、「しあわせ」とはいったい何なのかということも、今この私はすでに「しあわせ」のど真ん中にいるのだという真実も分からなくなってしまいました。今いったん、求めることを止めにします。何かになろうと思わず、自分を坐禅の中に投げ込んで坐禅をします。そうして、初めて坐禅が坐禅をします。私ではなく、坐禅が坐禅をします。と同時に、私が初めて本当に私になり、「自分」をします。

当時の私の気持ちは、「犬の哲学者」とも「コスモポリタンの元祖」とも言われる、樽の中で暮らしていたディオゲネスそのものでした。

ディオゲネスは、紀元前四〇〇年頃アテネの郊外に住んでいて、樽を転がして好きな場所へと移動し、そこで暮らしていました。樽の他に彼はこれという持ち物は何もなく、天気のいい日は樽から抜け出して、河原でひなたぼっこをしていたといいます。いわば「シンプルライフ」の先駆者のような存在です。彼は、もともとキュニコス派の祖として知られる、アンティステネスという哲学者に弟子入りを願ったところ、弟子を取らないと断わられました。それでもしつこく頼み込むディオゲネスの頭を、怒ったアンティステネスが杖で殴ろうとすると、「どうぞ殴ってください。その木は私を追い出すほど堅くありません」と、まるで禅道場の「庭詰め」のような状況に、あの「知事清規」の法遠禅師の格外の志気で耐えたそうです。

彼が残した多くの逸話の中で、特に有名なのはアレクサンドロス大王との問答です。わざわざ彼に挨拶をしに来た大王は、こう問いかけます。

「人はお前を無欲と呼び、『しあわせ』だというが、本当か？　欲しいものがあれば、なんでもやるぞ」

「何でもしてくれるなら、そこをちょっとどいてくれ。日が当たらないのだ」

ホームレスの「正法眼蔵」

なにも古代ギリシャまで遡らなくても、日本の道元禅師も、身心脱落の境地を「現成公案」の中で次のように表わしています。

うを水をゆくに、ゆけども水のきはなく、鳥そらをとぶに、とぶといへどもそらのきはなし。しかあれども、うをとり、いまだむかしよりみづそらをはなれず。只用大のときは使大なり。要小のときは使小なり。かくのごとくして、頭頭に辺際をつくさずといふ事なく、処処に踏翻《とうほん》せずといふことなしといへども、鳥もしそらをいづればたちまちに死す、魚もし水をいづればたちまちに死す。以水為命《いすいいめい》しりぬべし、以空為命《いくういめい》しりぬべし。以鳥為命あり、以魚為命あり。以命為鳥なるべし、以命為魚なるべし。

「水行く魚、空行く鳥、どこまで行っても水や空の限界がない。魚と鳥はずっと昔からその水や空を離れたことはなく、必要に応じてその水や空を大なり小なり使っている。
そのときその場で、魚も鳥もいつも活発に働いている。もし鳥と魚がその空や水を離れてしまえば、瞬時に死んでしまう。水が命であり、空が命であるからだ。そして鳥も、魚もまた命である。命があるからこそ、鳥も魚も存在できるのだ」

無限の海を泳ぐ魚、無限の空を飛ぶ鳥。まさに悠々自適。その「水」と「空」は何かといえば、各々の人生であり、自分が生きている「今」と「ここ」です。私自身は長い間、人生の解決をその「外側」に求めていましたが、そうではなく、「今・ここ」を生きること自体が解決でした。「今・ここ」を離れてしまえば、命も何もないという歴然たる事実を、私は長い間忘れていました。ホームレス雲水になって初めて、毎日毎日が楽しくて仕方がなかったのです。安泰寺にいた頃の「鬱密深沈」とした気分は、どこへ消えてしまったのでしょうか?

「現成公案」の言葉は続きます。

しかあるを、水をきはめ、そらをきはめてのち、水そらをゆかんと擬する鳥魚あらんは、水にもそらにもみちをうべからず、ところをうべからず。

「もしこの水と空をまず究めて（よく分かって）からでないと、飛ぼうとしない鳥や泳ごうとしない魚がいれば、いつまでたっても「今・ここ」を生きる道は見つからないのだ」

道元禅師は若いころに「何のための修行だ？」と思い悩んでいましたが、やがて「修行そのものが命」ということに気づきました。その日から初めて修行に打ち込めたはずです。私も行動を起こす前に「人生」に思い煩っていたので、人生のいろいろなことが辛かったのです。ところが、なんの保証もないホームレス生活という「大海」に飛び込んで初めて、「なあんだ、俺って泳げたんじゃないか」ということに気づきました。

私が安泰寺を出たとき、叢林のスタンスは「自分たちで食べる米くらい、自分たちで作る。必要な現金収入も、人の力によらず自分たちで何とかする」というものでした。安泰寺の山門の柱にある「地に因りて倒るるがごときは、還って地に因りて起く」という言葉を、「大地に足をしっかりとつけた生活」と解釈し、その実践に徹しようとしていたのです。頭でっかちの私にとって大変勉強になる生活でしたが、安泰寺を出て初めて、この言葉に続きのあることを知りました。

道元禅師は『正法眼蔵』の「恁麼《いんも》」の巻の中で次のように書いています。「恁麼」というのは、「これ!」という意味の言葉です。

いはゆる「地によりてたふるるもの、もし地によりておきんことをもとむるには、無量劫をふるに、さらにおくべからず」。まさにひとつの活路よりおくることをうるなり。いはゆる「地によりてたふるるものは、かならず空《くう》によりておき、空によりてたふるるものは、かならず地によりておくるなり」。もし恁麼あらざらんは、つひにおくることとあるべからず。

「地によって倒れた者は、地によって起きようとしても、何億年かかっても、立つことはできないだろう。起きようと思えば、起きる道は一つだけある。『地によって倒れた者は、必ず空によって起き、空によって倒れた者は、必ず地によって起きる』

もし『これ！』を会得しなければ、いつまでたっても起きることはできない」

「地」とは何か？　「空」とは何か？　「理想と現実」と捉えることもできますし、

「身体と心」という解釈も可能でしょう。般若心経の「色」と「空」を当てはめれば、仏教学の読み方としては間違いはないですが、「地」を「大地」と解釈するのであれば、私は「空」を文字通り「おおぞら」と解釈したいと思います。

現実生活に行き詰ったからといって、下を向いてせっせと働いてばかりいても仕方がありません。頭の上に広がっている「大空」に気づかなければ！　私はまさにこの「大空」に助けられたのです。寺がなくても、住む家がなくても、「大地」は私の畳となり、「大空」は私の屋根でした。

四苦八苦

公園でのホームレス暮らしも一ヶ月が過ぎた頃、「流転　第二号」を発行しました。

先日の托鉢のとき「本物をつかんで下さい」といわれました。堕落した日本仏教に染まらず、釈尊の本当の教えを追究しなさい、という意味だろうか。あるいは、街頭で托鉢している乞食坊主の多くが偽者に見えたのだろうか。とにかく、励ましとしてありがたく受け止めました。ところが、本物って一体なんなのでしょうか。どうやってそれをつかめばいいのか。道元禅師はその答を「はなてば手にみてり」という言葉で表します。つかもうと思っても、つかめるようなものではありません。握れば、かえって逃げてしまいます。手放してみて、初めてそれに気づくことが出来る。仏教の本当の教え、本物の仏法は我々から離れたところにあるのではありません。本当の仏法は現実そのものです。そこには「にせもの」も「ほんもの」もありません。この現実を本気になって見つめ、今ここ、本音を生きれば初めて本物の自分になれます。

このときはすでに「辻説法」をあきらめていました。托鉢中にお賽銭を下さる方々は、向こうから「国はどこなの？」と声を掛けてくることはあっても、こちらから積極的に関わろうとすると引いてしまいます。托鉢のときは托鉢に専念して、私の「伝道活動」は、流転会つまり早朝の坐禅会のみとしました。「流転」も配るのではなく、ネット上に掲載しました。当時、ビジネスパークのツインタワー一階に「デジタル・キッチン」

という無料でネットが使える場所があり、そこで試行錯誤しながら自分のホームページを立ち上げました。

プリペイド式の携帯電話や中古のマウンテンバイクを購入し、ホームレスのわりには贅沢な生活だったかもしれません。携帯の充電は、よく通っていた森ノ宮の銭湯の脱衣所で、洗濯は、そのすぐ近くのコインランドリーで済ませました。買い物は、「どこよりもより良い商品をより安く」をモットーにしている「スーパー玉出」で、七十八円のライス、二十八円の豆腐、三十五円のコロッケを購入していました。日によって、その価格が一円まで下がることもあり、大変重宝しました。

もちろん生活は不便でした。まず公園で洗濯物を干そうとしても、日当たりが悪くなかなか乾きません。布団も寝袋もいつも湿っていました。そのためか、いつの間にか頻尿になり腰痛も患うことになりました。

それればかりではありません。自分の使命であり生命線でもあると思っていた「流転会」には、ネットで告知していたにもかかわらず、なかなか人が集まりません。当初は安泰寺で知り合った中山くんや、水木さんという女子大生が日曜日に来てくれましたが、それ以外の日は堀を見下ろす石垣の上で一人でしょんぼりとしていました。

「流転　第三号」はそんな時期に書きました。

「四苦八苦」という仏教用語は日常の日本語でもよくつかわれます。「生・老・病・死」の四苦に、「愛別離苦《あいべつりく》・怨憎会苦《おんぞうえく》・求不得苦《ぐふとくく》・五陰盛苦《ごおんじょうく》」を足して「四苦八苦」というそうです。遠くにいるものが恋しくなる（「愛別離苦」）のに、近くにいるものに腹を立てる（「怨憎会苦」）という、具体的現実的人間関係の苦があります。ナイものが欲しい（「求不得苦」）、ここにアル、自分の置かれている状態から逃れたい（「五陰盛苦」）……。この現実は自分の望みどおりになりません。ですから、「一切皆苦」ともいいます。が、苦のカラクリに気づくと、苦の中身が違ってきます。「苦」のなかで「足るを知る」ことができます。いくら「楽」を追い求めて生きていても、足るを知らなければいつも不満がのこり、楽から遠ざかっていく一方です。足るを知れば、どんな逆境の中でも、落ちついていられるはずです。それは「楽」の本当の意味ではないでしょうか。

大阪城公園でのホームレス生活はもはや三ヶ月目です。毎朝の坐禅会には、思っていたほどたくさんの人は参加しません。一人で坐ることも珍しくありません。これから、外はだんだん寒くなり、人が増えるどころか、自分自身こそ冬を越せるほどの体力があるかどうか……雨の降る暗い朝には、ウッカリしてしまえば、全部投げ出してしまいたい気分になります……。

ホームレス雲水として解放感を感じる一方で、このときの私はかなりへこんでいたようです。「私の生きる姿勢によって、人生は地獄にもなり極楽にもなります」という一言で、何とか前向きにこの「流転　第三号」を締めくくりましたが。

しかしこのぐらいの「苦」は序の口でした。

ある日托鉢から戻ってくると、テントに「告」と大きく書かれた紙が貼られていました。「公園管理上支障になるので、至急撤去せよ。さもなければ当市で処分する」。

さて、これからどうしようか。やはりドイツに帰るべきだろうか……。

そう思いながら、ペットボトルに水を汲みにいくことにしました。ホームレスは水の補給を公衆便所でします。その代わり、というわけではありませんが、便所掃除もまめにします。森ノ宮駅近くの公衆便所に入ると、お隣さんである洋先輩とばったり会いました。洋さんは、私の元気のない表情を見て、

「どないしてん?」と心配そうに声をかけてくれました。

「いや、テントを撤去しろという紙が……」

「なんや、あれか。あれは気にせんでええ。公園事務所の職員連中かて、この商売で飯を食っているさかい。いつも見て見んふりもしておれんわ。せやけど第一、本気で俺らを追い出そうと思ってへん。単なるおどしやで。あれははがしとけば、それでええ。またそのうち新しいのを配るだけや」

そうか!　洋さんの言葉にはっとさせられました。私はすっかりホームレス魂を忘れてしまっていました。紙切れ一枚くらいでへこむなんて、まだまだホームレス修行が足りません。たとえテントが本当に撤去されたとしても、それが何だというのだ!　この時の気づきを「流転　第四号」で表現しました。


私はいつも損せずに、できるだけ得しようと頑張っています。ところが、沢木興道老師は「悟りとは損すること。迷いとは得すること。われわれはできるだけ損をせねばならぬ」と言っています。グリム童話の中の『しあわせハンス』を思い出します。

ハンスは師匠の下で長年の修業を終え、ご褒美として大きな金の玉を渡されました。

長い帰路を歩いていると馬に乗った人に出会いました。

「その玉はだいぶ重そうだな。この馬と交換してはどうだ。乗ったまま古里に帰ったほうが楽だよ」

汗だくのハンスは、願ったりかなったりという思いで交換しました。しかし、なれない乗馬に疲れ始めたころ、今度は牛を連れている人に会いました。

「この牛なら、乳を搾れるから、チーズもバターも作れるよ。その方がいいだろう?」

ハンスは大いに納得し、馬を牛と交換しましたが、しばらくして百姓に言われました。

「その牛よりも、ワシの豚はたくさん子も産むし、肉はうまいぞ」

ハンスは再三交換して、その度に本当に得した気分になりました。最後は大きな砥石を持った男がいました。ハンスの古里はもうすぐそこです。

「お前、家に帰ったらこれで刃物を研ぎなさい。いい商売になるよ。おまけにこれもあげるよ」と、男は道端に転がっていたもう一個の石まで渡しました。

そこには井戸があり、ハンスは二つの石をその縁に置いて水を飲もうとするとあやまって二つの石を井戸に落としてしまいました。しかし、ハンスはむしろホッとして、手ぶらでお母さんの待っている家に向かって走り出しました。

石垣の上の〝お堂〟

「流転会」のホームページをのぞいてくれる人も増え、坐禅参加者もぼつぼつ出て来ました。NOVAでドイツ語を教えているカタリンさんや、英語の先生のジョニーさんも秋からよく坐禅に来るようになりました。

ある日、天王寺で托鉢をしていたとき、同業者と鉢合わせになりました。網代笠の中をのぞくと、安泰寺で二年間一緒に安居していた道舟さんではありませんか。イギリス国教会の日本人牧師の家に生まれた彼は、よくマタイ福音書の「空の鳥を見よ、播《ま》かず、刈らず、倉に収めず、然るに汝らの天の父は、これを養ひたまふ。(中略) 汝らの中《うち》たれか思ひ煩ひて身の長《たけ》一尺を加へ得んや」という言葉を引いていました。

彼も安泰寺を飛び出して、生駒の山中でやはりテント暮らしをしているようでした。十二月一日から、彼を誘って石垣の上で臘八接心を行いました。自分で接心を主催するのは初めての経験でした。しかも野外、雨も風も当たるような場所で朝の五時から夜の十時まで坐りました。昼間はカタリンさんやジョニーさんも来てくれて、身体の芯まで冷え切った一週間は、十二月八日、すがすがしい朝を迎えて無事終わりました。

この接心でだいぶ力のついた私は、冬に備えて小屋を建てることにしました。これで、私を悩ませていた湿気の問題も改善されるはずですし、雨が降っても屋内で坐禅できます。そのための資材は、以前から「ピースおおさか」の近くに捨ててあった数本の枕木に目をつけていて、それでしっかりした「土台」を作りました。コンパネ（建築資材として使われるベニヤ板）はホームセンターで購入し、畳屋から中古の畳を譲ってもらいました。これであっという間に床と壁が出来上がり、屋根は透明の波板を柱にかけ、壁に野崎観音のポスターを貼り、「お堂」が完成したのです。

突然石垣の上に建った十八畳敷きの「お堂」をみて、さすがに古株のホームレスたちも私の厚かましさに驚いている様子でした。確かに、ディオゲネスの末弟子を自称する人間にとっては不似合いな立派な建物でしたが、透明トタンの屋根から降り注ぐ真冬の日差しに、実に晴れやかな心持ちとなったのでした。

朝の坐禅後、「お堂」の中で参加者とお茶を飲んだり、ガスコンロを利用して茹でたうどんを食べたりしながら雑談をすることが日課になりました。それぞれが学校や仕事場に向かった後は、「デジタル・キッチン」で流転会のホームページを更新しました。

毎月エッセイの「流転」を日本語と英語両方で書く以外に、道元禅師の『学道用心集』や『正法眼蔵』から「現成公案」「生死《しょうじ》」「全機」「坐禅儀」「坐禅箴《しん》」「画餅」「八大人覚《はちだいにんがく》」の巻を次々とドイツ語に訳し、ネットにアップしました。午後は澄みわたった空の下、石垣の上でキャンピング・チェアを立ててノートに翻訳の下書きを書き、「わが家」に電気のない私は銭湯からの帰り、大阪城公園駅近くの「ホテルニューオータニ」のロビーの一角を拝借して清書しました。

中でも大きな反響があったのは、『正法眼蔵』の次に訳した、沢木興道老師の「屁ひとつだって、人と貸し借りできんやないか。人人みな『自己』を生きねばならない」という言葉から始まる、『禅に聞け』(大法輪閣、一九八六年)でした。少しずつドイツ語に訳していると、「私たちのところで出してみないか」とドイツの小さな出版社から誘いをいただき、それは私の励みとなりました。

二〇〇二年の元日には、あえて流転と死の問題について書きました。

「読者から『流転して何になるか』と聞かれました。『死んだあと流転して、何に生まれ変わるのか』という意味でした。仏教には『四法印』という、一切皆苦・諸行無常・諸法無我・涅槃寂静の四つの教えがあります。

『一切皆苦』　私たちの存在は満たされない存在。満足し切れないようにできています。

『諸行無常』　物事は移り変わってゆく。これこそ私の言う『流転』の姿です。

『諸法無我』　実体がない。『私』も、『あなた』もない。つかみ所はどこにもない。

『涅槃寂静』　つかみ所のない、満たされない現実に、そのまま徹底して落ちつくこと。

　この基盤から見なおした場合、『私が流転して何に生まれ変わるか』という質問は無意味です。流転する主体は存在し得ないからです。あえていうならば、『流転』が『流転』しているだけ。そもそも死後の世界より、今ここ、この私の生き方が問題です」

美しき闖入者

　ホームレス生活三ヶ月目、私自身の人生そのものを大きく変えた出会いがありました。毎月、坐禅会の情報を「関西シーン」という英語の広告誌に載せていましたが、同じ募集コーナーに英語の広告が載っていたのです。

「JF, 24yo, looking for friends to talk about philosophy and history（二十四歳の日本人女性、哲学や歴史学の話し相手を募集しています）」

「Bombshellbaby666」というハンドルネームに想像力を刺激されてしまい、早速日本語で、「それなら、ドイツからやってきたディオゲネスと坐禅してみませんか」とレスポンスしました。十一月も終わろうかというある朝五時四十分に、彼女から私の携帯に電話がかかってきました。電話口からは、ほろ酔い加減の女性の声が聞こえてきました。

「今からいってもいい？」

約束の六時をとうに過ぎた頃、白み始めている空の下をガサガサッとガニ股で、ボーボーの頭をした人影が近寄ってきました。「ああ、ごめんおくれたわ、トモミです」と、ほのかに酒を臭わせながら彼女は挨拶をしました。日本に来てから、自分の思い描いていた「理想」とその現実のギャップにがっかりさせられたことはこれまで何回もありますが、このときもまたそうでした。ショックを隠そうと必死で、まず一緒に坐禅をすることにしました。終わったあと、石垣の上であぐらをかきながら彼女の話を聞きました。

トモミさんはこの日の朝五時を過ぎた頃、熱気とタバコの煙でむんむんしているミナミのクラブを後にし、澄みわたった冬の早朝の空気を浴びながら、しばらくふらふらと自転車をこいでいたら、遊び疲れた人が家路を急ぐ姿を見て、急に言い知れない孤独感が心に押し寄せてきたのだそうです。

「何か新しいことをすることで、溜まりに溜まった汚れのはけ口にしよう」

彼女はその時衝動的に決めたそうです。そのとき〝ドイツ人の三十三歳の自称禅僧〟、つまり私に会ってみようと思い立ったようです。

春に同志社大学を卒業したばかりのトモミさんは、会社に就職せず、心斎橋の「ピッグ&ホイッスル」やユニバーサルシティの「ハードロックカフェ」といった、外国人もよく通う飲食店でバイトしながら自分の英語を磨き、将来イギリスに留学するための資金を貯めていると言いました。歴史に興味があるらしく、商学部の卒論のテーマも「性風俗の歴史」だったといいます。

「なあ、お坊さん。『世界の下着』って、知っている？」

そんなものを私が知るはずもありません。その日は天気も良く、久しぶりの托鉢日和だったので、そろそろお開きにしようと思いましたが、彼女は暇なようで、バイトが始まる午後六時まで居坐りました。私はいそいそとお茶を沸かし続け、トモミさんはお茶をガバガバ飲み、へそピアスを見せながら下ネタばかりを話します。多くの外国人同様に抱いていた、「大和なでしこ」幻想は見事に裏切られましたが、彼女の遠慮のない、飾らない言動に私は心をくすぐられました。お互い石垣の上で尿意を感じながらもなかなか言い出せず、自転車で豊国《ほうこく》神社のトイレに急いだときはもう日暮れでした。

彼女が再び姿を現したのは真冬でした。「寒いわ」と震える彼女を「テントの中でコンロをつけたら暖かくなりますよ」と誘い、参禅者から仕入れたジョニーウォーカーの黒で乾杯しました。人類皆兄弟。こうなったら、イギリスもドイツもなにもあったもんじゃありません。とんとん拍子に話が進み、その日の夕方にはもう「トモミさん」ではなく「お前」と呼ぶ仲でした。気がついたら、テントの中には「トモミ」の生活用品が増え、彼女はしばしば大阪城公園から「出勤」することになりました。

秋から手がけていた沢木老師の『禅に聞け』のドイツ語訳は、一月末日にようやく完成し、すべてをネットにアップロードすることができました。ほっと一息つき、後はドイツの出版社がホームページからダウンロードするだけ。ところが、翌朝出版社からの国際電話が携帯にかかってきました。曰く、ホームページをうまく読み込めないというのです。「デジタル・キッチン」に駆けつけページを開こうとすると……、なんと私のホームページが消えています！　容量オーバーか何かの理由で、そのすべてが消えてしまったのです。もちろんバックアップなどをとっているわけもなく、下書きしていたノートも、前日に石垣の下で燃やしてしまっていたところでした。

本は二月中にドイツで出版されるはずでした。それまで積み重ねた努力は水泡に帰しました。「流転」「手放し」「損＝悟り」と繰り返し書いていたことが、またもやこういう形で、我が身にも降りかかってくるとは思ってもみませんでした。

二〇〇二年の夏は、日本でサッカーのワールドカップが開催されることになっていたので、大阪市が世界の目を気にしてテント村をついに撤去するのではないかと、再び気になり始めました。ホームページをなくした今、現実の「ホーム」まで手放さなければならないのか。この公園で、日本仏教の新たな一コマを創造したいと思っていましたが、ここでの生活もそう長くないと思いはじめました。ただ、それがあまりにも唐突に、そして予期せぬ形でやってくるとは……

花でもなく草でもなく

二〇〇二年の二月十四日、バレンタインデー。

この日の朝、私は福井県にある曹洞宗の大本山永平寺にいました。大藪先生の計らいで、一週間足らずの「師家《しけ》会」に参加していたのです。「師家」というのは、曹洞宗の認可僧堂で雲水に指導できる立場の人間で、「師家会」はそのような師家を育成するための機会です。私のように無名の山寺でしかまともな修行をしていない者は、そもそも師家になどなれるはずも、なるつもりもなかったのですが、大本山永平寺は暖房がきいていて、三度のあったかい食事、それもご飯に味噌汁とおいしいおかずが提供されます。それだけの理由で、骨休めを兼ねて行くことにしたのです。

二月十四日の昼には師家会が終わり、大阪城公園に戻りました。この日の夜はトモミと会う約束でした。まだ時間があったので、「デジタル・キッチン」に行くことにしました。マウンテンバイクで玉造口から外濠に入り「南無阿弥陀仏」と彫り込まれている顕彰碑と、その裏にかつて蓮如上人がお袈裟をかけていたとされている、古い松の木の根っこの横を通りました。その昔、浄土真宗の石山本願寺が建っていたとされているこの高台から、青屋門に向かって急な雁木坂を下りました。右手の梅林はすでに満開、その梅の上品な香りが風にのって漂ってきました。

そして、いつものように「デジタル・キッチン」で「流転」を打ち込み始めました。

先日、ボランティア・グループがおにぎりを配りにテント村に来ましたが、『まだお前らの世話になるほど、俺は落ちてないぞ』というホームレスもいました。

「花は愛惜《あいじゃく》にちり、草は棄嫌《きけん》におふるのみなり」という、「現成公案」の言葉があります。悟り（花）を追い求めるほど悟りは遠くへ逃げてしまい、煩悩（草）を切り捨てようと思うほど煩悩が深くなる、とふだん解釈されますが、今一度、花と草の立場になって考え直してみたいと思います。

花は善人です。ところが、「良いことをしている私は、やはり良い人だ」という傲慢になれれば、せっかくの「花」は台なしです。よく思われたいがために、誰からも嫌われていたいという善人です。悪人より善人が救われたいというのは、このためです。かといって、進んで悪事をすることを親鸞聖人は「くすりあればとて、毒をこのむべからず」と諫めました。良いこともしなくていい、悪いこともしなくていい、ということです。

公園でテントを張ってから半年間、私は何もしていません。坐禅堂を建てて、人と一緒に坐っているだけです。それを見て「ヒマな連中」だとか「怪しい団体」と言う人もいるでしょう。一方、「えらい！」と感心する人もいますが、私はここで花を咲かそうと思ったことはありません。坐禅しても良いことは何もありません。良いことも悪いこともしないのが坐禅ですから。「自己満足」と言われようが「寄生虫」と言われようが、私が人のために出来るのは、一緒に坐るということだけです。

ドイツ語に「雑草は絶えることがない」という諺があります。花や野菜は大事に大事に育てなければ、大きくなりません。一方、雑草をいくらむしっても、またすぐ生えてきます。人間中心の立場から見れば、雑草の存在は迷惑ですが、その生命力に私は感心せざるをえません。草に見習って、何の役にも立たない、誰にも利用されようのないまま、自分の命をただ生きていきたいと思います。


そこで電話が鳴りました。声の主は、鳥取にいる覚玄さんでした。

「安泰寺の堂頭さんが事故にあったらしいよ」

「えっ、どういうことですか？」

「わしもはっきりしたことはまだ知らない。でも明日は涅槃会《ねはんえ》があるから、今は寺を離れられない。お前は暇なんだから、すぐ様子を見に行ってくれ！」

ようやくトモミと電話がつながったとき、電車は余部鉄橋の上を走っていました。

「悪いけど、今日はもう会えないよ。ごめんな」

眼下では、日本海の波が荒れ狂っていました。

第七章　大人の修行

雪のバレンタインデー

同じく二〇〇二年二月十四日、バレンタインデー。

キリスト教徒にとって大事なこの日、お寺では涅槃会の前日にあたります。涅槃会は降誕会《ごうたんえ》と成道会《じょうどうえ》とともに、「三仏忌」と呼ばれる仏教の一番大事な記念日の一つです。花祭りとも呼ばれる降誕会は四月八日。お釈迦様の誕生日です。成道会は十二月八日。お釈迦様が悟りを開かれた日にあたります。この日を記念するのが「臘八接心」です。そして涅槃会は二月十五日で、お釈迦様の入滅された日です。

安泰寺でもこの日から三日間の接心が始まるので、前日は麓に下りて郵便物を出したり受け取ったりします。

この年は記録的に雪が少なかったそうです。そのため、一週間前に一人の参禅者が車で山道の中間点まで上がって来てしまいました。「接心に耐えられそうにないので、帰らせてください」とその参禅者が訴えましたが、その後降り出した雪で、自力で車を動かすことができなくなってしまいました。その車を牽引するために堂頭さんが仕方なく、朝早くからブルドーザーを出動させることになりました。マイクも後からカンジキを履いて出かけ、麓のバス停の近くにある集落で郵便物を手配、受け取りをしました。昨秋から実家に帰っていた堂頭さんの奥さんから、小包が届いていたのだそうです。

「バレンタイン・チョコか。いいなあ。僕の元カノは今、何をしているのだろうか」

マイクがバス停の登り口から再び雪道に入ろうとしたとき、ちょうど堂頭さんのブルドーザーと参禅者の車が見えたそうです。マイクはその方向に会釈をして、先に寺へと向いました。すでに昼時で、食事を終えた雲水たちは広間の薪ストーブの横で一服していました。そろそろ堂頭さんも戻ってくる頃です。

「それにしても、堂頭さんの帰りは遅いね。もうお風呂の時間だけど、どうする？　堂頭さんを待つか、僕たちで先に入るか」

時計の針は、三時を指す直前でした。

「いや、おかしいぞ。堂頭さんならもうとっくに帰っているはずの時間だ」

心配したマイクは、再びカンジキを足に装着しました。そういえば、今朝の堂頭さんの様子はいつもとどこかが違っていた。生気がなかったような気がしないでもない。昨日の夜遅くまで、かまくらの中で参禅者のお別れパーティーをしたからかな。もしかしたら村に用事ができたのかもしれない。途中で休憩しているのかもしれないし……。

とにかくマイクは確かめることにして、山道を行きました。バス停までの中間点である二キロほど下った時点で、ブルドーザーの音はまだ聞こえていませんでした。マイクは段々と早足になり、先を急ぎました。

バス停の手前で、ブルドーザーが川に落ちているのが見えました。我を忘れてマイクは冷たい川の中に飛び込みました。ブルドーザーが落下したところの周辺には、人が雪の斜面を這い上がろうとした跡があり、そこから五十メートル川下に、堂頭さんの姿がありました。持ち上げようとマイクが手にしたその身体は、すでに冷たく重たかった。

住職になる

堂頭さんの葬儀は、二月十六日に浜坂のホールで執り行われました。

「次の堂頭が決まるまで、お前が安泰寺で留守番しろ。どうせ暇なんだろ」と覚玄さんに言われました（「留守番」が何を意味するのか知らないままに……）。誰も堂頭になりたくないというのが本音だったのですが、かつて安泰寺で修行をしていた会下《えか》（註　ある師の下で修行をしていた僧たち）は思い入ればかり強くて、その後の三ヶ月間、口出しだけは絶えることがありませんでした。とりあえず、大藪先生が堂頭として復帰するという話になりました。

大藪先生には「俺にはもう、そんな馬力はない。最初の二年間は俺が名前だけを出す。俺の代わりにお前がここを盛り上げろ！」と言われ、師匠の命令ならともかく、大藪先生の操り人形になるつもりはまったくありませんでした。

「いいえ、それはできません。大阪城公園で私を待っている人がいますから」

「じゃあ、俺は身を引くから、最初から自分の責任でやれ」

「私は堂頭さんの末弟子です。まずは兄弟子に頼むべきです」

「檀家もない、収入もない山寺だ。会計には九万円しか残っていない。雨漏りもひどい。まあ、お前はホームレスだから、そのへんは心配ないだろう。こうなったらお前がやらなければ、誰がやるというのだ？」

安泰寺に対する嫌な思い出も山ほどありましたが、それ以上に、亡くなった師匠が奮闘していた姿が思い出されました。また、大藪先生も大藪先生なりに、安泰寺の行く末を真剣に考え、何とか修行道場として維持・発展していくことを願っていたのでしょう。

安泰寺があってこそ、今の私があるのです。この安泰寺の跡を誰も継がないというのであれば、私がやるしかない……。

「安泰寺はお前が創る」という亡き師匠の一言。安泰寺は他人が創ったものではない。自分が創ったものである。そして、絶えず創りなおさなければならないものである。昨日創っていた安泰寺は、今日はもう存在しない。今日から、どんな安泰寺を創れるのか――。


安泰寺を私が創る。そしてここで修行している誰もが安泰寺を創らなければならない。私たちは安泰寺を創り、問い、壊し、創りなおす。安泰寺によって私たちも創られ、問われ、壊され、創りなおされてゆく。

私はそもそも何をしに安泰寺に来ていたのか。そして今なぜそこに戻ろうとするのか。他にも選択肢はいくらでもあるはず。ホームレス生活にも未練はある。しかし、私をここまで導いてくれたのは坐禅であり、これからも私は坐禅のために生きていく。そう私は決意し、歴史は浅くとも修学と坐禅の伝統だけはある安泰寺の次期堂頭になることを受け入れたのです。

早速私は、公園に残していたテントを片付けるために、大阪に戻りました。その足でトモミの勧める「ピッグ&ホイッスル」に向かいました。愛する彼女にプロポーズをするためです。

「俺について山寺に来ないか」

「たぶん無理やろうけど、がんばるわ」

その日から九年間。彼女は今、二児のよき母として私と一緒に寺で暮らしています。

安泰寺の「改革」

私が安泰寺の住職に任命された二〇〇二年は、小泉政権による「構造改革」に代表されるように、「改革」という言葉が各方面でもてはやされた時期です。

安泰寺についても「曹洞宗を離脱して、二十一世紀に合った、新たな形の仏教を」とか、「寺の境内を全部売り払い、遠い外国にでも新境地を開け」などとアドバイスする人もいました。外国人の住職だからこそ、そして今だからこそ、思い切った「改革」が可能だというのです。しかし私はそのような声とは反対に、まず三年間は修行生活を微調整し、じっくり修行の形態と内容を考えることにしました。

まず、寺の経済基盤という切実な現実問題に向き合わなければなりません。

すでに山羊は二頭とも死んでしまい、年老いた牛も売却されてしまっていました。一方、炭焼きで生計を立てる計画も実現できそうになく、結局は托鉢に頼るしかありませんでした。

私自身は、仏弟子が托鉢を行うことに何ら疑問を感じないし、恥と思ったこともありません。毎年、雪解け頃と秋の収穫が済んだときには、修行僧を連れて一週間ほど大阪のあいりん地区（通称「釜ヶ崎」というドヤ街）の低額宿泊施設に泊まりながら、京阪神方面で托鉢を行いました。

修行道場の具体的な改善策として、まず差定《さじょう》（一日のスケジュール）を変更しました。まずは、「一日十四炷の坐禅と三度の食事」という接心のスケジュールを、「十五炷の坐禅と二度の食事」に変更。また、ドイツ人の私からすると日本の朝は遅すぎます。一般社会はまだしも、道場の起床時間が五時では修行になりません。日が昇る前に坐禅をし、山の上から太陽が顔を出す頃には、外での作業にかかるべきだという思いから、起床時間を三時四十五分にしました。そのおかげで作業の効率もよくなりました。

それから、稲作のノウハウや、ユンボ（建設機械の通称）の操作を独学で学び始めました。しかし何より大変だったのが、入れ替わり立ち替わりやって来る参禅者の指導でした。最初の二年間は短期参禅者を相手に、一人で寺を切り盛りしていましたが、三年目になりようやく二人の弟子ができました。初めて「堂頭さん」と呼ばれ、ハッとさせられたことを覚えています。それまでは、一雲水として自分だけの修行を考えればよかったのですが、今後は師匠の立場で雲水たちの面倒を見なければいけません。これまでに、八ヶ国計十五人が私の下で出家得度をしました。国に帰った人もいれば、日本でコツコツと修行を続けている人もいます。

私が住職となってからの九年間で一番変わった点は、その「国際化」でしょう。雲水時代、私以外の修行者はほとんど日本人でしたが、今や日本人参禅者は過半数を割ってしまいました。安泰寺の共通語も、いつの間にか世界各国訛りの英語に変わっています。

そんな彼らに「修行のイロハ」を叩き込むのが私の役割です。いくらか経験すると、彼らが生まれ育った文化によって、強調しなければならない点が違うということに気づきました。言葉の違いのみならず、考え方そのものが違うのです。

同じ釜の飯を食べていながら、互いの言葉が通じ合わない、考え方も生活のスタイルもまったく違う。何より修行に対する姿勢そのものがバラバラではいけません。それでも何とか「以心伝心」を目指して、懸命にコミュニケーションを取り、切磋琢磨していく……。このことこそ、今や国際的な禅道場となった安泰寺で、一番大きな公案であり、大変な修行となっています。

修行とは何か

ここからは、その「修行」の本質について考えていきたいと思います。

修行とは何か。

それは、自己否定なのか、はたまた自己表現なのか。人生の方向転換なのか、それともありのままに生きることなのか。特殊な訓練なのか、日々の生活なのか。「この私こそ仏にならなければ」という思いで修行するのか、それともそのような思いすら手放して修行するのか。

修行の意味とは？ 目的とは？

こうした疑問は、私自身にも向けられた公案でありますが、参禅者にその意味を問われれば、まず「ただ坐る、ただやることだ」と答えます。

「何のために？」

「何のためでもない。ただやるのだ」

「……」

「仏法のために仏法を行ずる。そこには求めるものもなければ得られるものもない。今ここ、この自分に与えられた一瞬の命を生きるのみだ」

このように理屈は極めて簡単です。ただ、理屈だけでは納得のいく修行ができないのもまた事実です。「求めるものは何もない」と言われても、誰だって最初は「求めるもの」があるからこそ修行しようと思っているはずです。何も「求めるもの」がなければ、修行はしません。「ただ坐る」ということだけのために、誰が海を越え山を越えて遠くこの安泰寺まで来るというのでしょうか。どうしても目標を立てて、その目標に向かって一生懸命がんばってしまいます。

ところが、そのような目標設定は、修行の方向として基本的に間違っているのです。それだと、一年、二年と続けているうちに、どうしても行き詰まってしまいます。問題は、行き詰まったときにどうするか。

結局、いくら長期間道場にいても、「修行とは何か」を理解できないかもしれません。しかし、分からないということを、分かることこそ重要です。中途半端な理解よりも、問題意識が大事なのです。分からない修行者同士が集まって、各々が工夫し、切磋琢磨して初めて安泰寺という修行道場が成り立つのです。

私が二十四歳のときに、堂頭さんから「外国人参禅者のために修行の手引きを作ってほしい」と頼まれて書いた文章があります。これを国の内外問わず、参禅者にまず読んでもらっています。

安泰寺の修行は、優雅な遁世者の生活では、決してない。癒しを期待していても、そういったものは皆無だ。ここでの一日二十四時間は、あなたの人生を菩薩修行として創造していく時間に他ならない。そのため修行者が和合を狙うのは勿論だが、人助けされたりはしないので、あなたの修行をあなたがしなければならない。

いちばん大事なことは、あなたの方へ仏道を引き寄せるのではなく、あなたの身をも、思いをも、すべて仏道の方へ投げ入れること。そのためには先ず自分は何のために来たのか、ここで何をしようとしているのか、をハッキリと自覚すること。

あなたが今生きているこの瞬間の命のほかに期待するものが一つでもあれば、必ず失望するだろう。

私はここで何をしようとしているのか――。

修行はこの問いから出発しなければなりません。安泰寺で目指しているこの修行のあり方を、私は「大人の修行」と呼んでいます。

トマトときゅうり

「大人の修行」ということについて、私は弟子たちに、トマトときゅうりを例にとって説明することがあります。

安泰寺ではトマトもきゅうりも、春先に種を苗用のポットに播きます。苗が大きくなったら、同じビニールハウスに移植して、夏に実を収穫します。

ところが、その育ち方は対照的です。トマトの苗の場合、まず竹で出来た丈夫な支柱を立てなければなりません。その支柱に何日かおきにトマトの苗を紐で縛り直し、芽かきもしなければ折れてしまいます。おまけに、雨が当たったり肥料をやりすぎたりすると、すぐ病気になり、放っておくと実がなる前に株ごと腐ってしまいます。

けれどキュウリは違います。最初にビニールハウスの屋根から一本の麻紐さえ垂らしておけば、苗は勝手にツルを伸ばして、その一本の紐をつたって伸びていきます。あとは水や肥料のやりすぎの心配もなく、元気に育っていきます。

雲水もトマトではなく、きゅうりのように育ってほしいものです。師匠という一本の麻紐を確実につかんで、後は自分の力で伸びなければなりません。これが「大人の修行」の理想です。

きゅうりとよく似ているのがカボチャです。安泰寺ではたまに、きゅうりの苗の中に間違ってカボチャの苗が交ざることがあります。ところが、カボチャは横方向にツルを伸ばして、周りの野菜を覆ってしまいます。これもまた、困りものです。

安泰寺へ来ている参禅者を見ていると、いくつかの野菜のタイプに分類できます。日本人に多いのが「トマト系」で、欧米から来た外国人に多いのが「カボチャ系」です。「トマト系」は、師匠が懇切丁寧に指導しなければ育たない。「安泰寺はお前が創るのだ！」と言うと困った顔をする。比して「カボチャ系」は、「勝手に自分だけの安泰寺」を作ってしまうことが多いのです。

人生のパズルは一人では解けない

非常に内省的な、私のオーストリア人の弟子は、「坐禅は自分の心の深い底まで潜ることだ」と、輪講の席で発言したことがあります。それに対して私は、こう答えました。

「それは違うと思う。『自分の心の底まで』と言ったって、所詮は自分の頭という『金魚鉢』の中の話に過ぎない。それより、その金魚鉢の外に広がる世界に目を向けるべきだ。自分の心と身体はつながっているし、この身体と環境もつながっているのだから、お前の首の上にのっかっている、その金魚鉢の中の出来事に過ぎない。その思いをしばらく忘れて、身体全体を使って周りの人と関わり合うのはどうだ？」

そして、私自身の経験を話しました。

「私は小学生の頃から、人生についてあれこれ悩んでいた。人生をパズルだと考えていた。しかし、私の頭の中にあったそのパズルのピースは、どうにも形が合わないし数も足りない。ひょっとしたら、どこか机の下にでも、椅子の下にでも、『人生の意味』という中心的なピースが落ちているのではないかと、探している年月は長かった。

叢林の中で修行するようになってから、ようやく分かった。あのパズルは私が一人でするものではなく、他にもたくさんの人がいて、それぞれがピースを持っていたのだ。ピースの数が足りなかったのは、周りを見ていなかったからだ」

ところが日本人に対しては、まったく反対のことを言うことがあります。上山したばかりのある参禅者が、ティー・ミーティングのときに、「今日から皆様と一緒に修行をさせていただくことになりました。よろしくお願いいたします」と自己紹介しました。

それに対して私はこう言い放ちました。

「それなら、夜が明けたらすぐにでも帰ってしまいなさい。無理に修行を『させる』つもりは微塵もありませんから」

自分で選んで寺まで来て、自分で選んで修行をする、という自覚もまた大事です。自分で道を求め、自分で歩かなければなりません。各々が自分の心の中に「お寺」を持っています。しかし、その「お寺」を毎日の生活の中でいかに現前させるかが問題です。

沢木老師は主体性のない人を挑発します。

「仏とは自分自身のことである。自分自身が仏になるより他に仏というものはない」

かといって、無理に仏になろうとする人にはこう言います。

「仏になりたい？　仏になんぞ、ならんでもいいんじゃ。今が今、自分が自分すればいいんじゃ。ここを捨ててどこへ行くというんじゃ」

日本人も欧米人も、このような言葉からそれぞれ違うものが学び取れるのではないでしょうか。

群を抜けて益なし

動静《どうじょう》大衆に一如し、死生《ししょう》叢林を離れず。群を抜けて益なく、衆に違するは未だ儀ならず。

道元禅師「弁道法」の一節です。意訳しますと、「働いていても、坐禅していても、必ず皆と一緒にしなさい。一生、叢林を離れてはならない。一人で行動を起こしても、いいことは何もない。皆と違うことをしていいというはずがない」。

有名な聖徳太子の十七条憲法の第十条にも、「相共に賢愚なること鐶《みみがね》の端なきがごとし。……われ独り得たりと雖も、衆に従いて同じく挙《おこな》え」という言葉があります。

ともすると「俺こそ正しい、アイツはバカだ」と思いたがる私たちですが、実は互いが互いの写し鏡になっている。「是と非」「賢と愚」を切り離すことはできません。それは鐶のように、隔たりなく全体が繋がっているのです。

これこそ欧米人になかなか理解できない、聖徳太子の「和」の精神でしょう。「乳水和合」を理想とする叢林生活の根本姿勢もここにあります。日本人ならば馴染みのある考え方だと思います。

しかし欧米人はそういきません。協調性がなく、組織における自分の役割よりも、「俺は俺」というアイデンティティが強く、とにかく自立志向です。日本人が相手の身になって考えようとするとき、私を含めた欧米人は物事を「客観的」に考えようとします。ただ、その「客観」はこちらの主観的な思い込みに過ぎないということもしばしばです。自分たちの「正義」を振りかざし、イラクに攻め込んだアメリカの例を挙げるまでもありません。

逆に日本的な「義理人情」は欧米人に受け入れられません。人間関係が極めてドライで、「気を利かす」という概念もなければ、「以心伝心」といった四字熟語を知るすべもありません（いや、最近の日本もそうなりつつあるかもしれません）。

欧米型のコミュニケーションは、「私」と「あなた」がそれぞれ山頂に立って遠いところから叫び合うようなものです。日本人ならば、深い井戸を掘って、共有できる水脈を互いに探ろうとするでしょう。お互いの歯車が嚙み合わないのは、言葉が違うからではなく、コミュニケーションのスタイル自体が違うからです。山頂で叫び続けている欧米人は「どうして日本人から返事が返ってこないのだろうか」と不思議に思っている一方、黙々と井戸を掘り続けている日本人は「どこまで深く掘れば、相手に伝わるのだろうか」とため息をつくのです。

生きることと働くこと

こうした欧米人と日本人の違いは、仕事観にもあらわれます。
「あなたは働くために生きているのか、それとも生きるために働いているのか」と欧米人に聞けば、百人中百人が「生きるために働いているに決まっているではないか！」と答えるでしょう。

中国と一、二位を争う輸出大国ドイツの年間労働時間は千三百時間で、世界一短いと言われています。それでも勤勉と言われるのがドイツ人ですが、このデータから分かるように好きで仕事をしているのではありません。一分でも早く家に帰るため、一日でも長く休暇を取るため、必死に働くのです。

その背景として、旧約聖書「創世記」の「主なる神」がアダムをエデンの楽園から追放し、土を耕やさせたときに発した言葉があります。

お前は女の声に従い、取って食べるなと命じた木から食べた。お前のゆえに、土は呪われるものとなった。お前は、生涯食べ物を得ようと苦しむ。お前に対して、土は茨とあざみを生えいでさせる、野の草を食べようとするお前に。お前は顔に汗を流してパンを得る、土に返るときまで。お前がそこから取られた土に。塵にすぎないお前は塵に返る。(『創世記　三章　一七〜一九節』新共同訳、日本聖書協会、一九八七年)

つまり、仕事それ自体には価値はなく、それは神から与えられた罰に過ぎず、ドイツ人のみならず多くの欧米人は、休むときにだけ、あの「楽園」へ戻ることが許されると考えているのです。休日を英語で「holiday(聖なる日)」と呼ぶのもそのためです。

日本人にはその心理がなかなか理解できません。おそらく、「働くことも、生きることのうちではないか?」と思うことでしょう。それはそのとおりだと私も思います。しかし、そのためには働くことの内容が問題です。ダラダラと労働時間が長引いただけでは、「命を輝かせている」ことになりません。

「結果がすべて」の欧米と、「がんばるのが一番」の日本の差でもあります。

このような仕事の作業効率については、安泰寺でもよく議論になりました。入門した当初、作務が長引き、よく夜坐が中止になりました。たまりかねた私は、「何でこんなに段取りが悪いんですか？　作務の効率を考えればいいのに……」とつぶやいたこともあります。すると決まって先輩方から、「お前は働くことがそんなにいやなのか？　禅修行を何と心得ている」と怒られました。中には顔についている泥を指差して、「俺はもう三日間も風呂に浸かっていないんだぞ」と威張る人もいました。

どうやら彼らには、「お風呂に入る時間がない＝一生懸命がんばっている」という方程式があるようです。坐禅中の居眠りも、「作務でよくがんばっている証拠」とされていました。一方、私の方程式では「お風呂に入る時間がない＝時間の使い方が下手」で、「居眠り＝自己管理能力の欠如」です。

安泰寺では、坐禅の時間は年間を通して約千八百時間。この時間をどう使うか、各自にとって大きな課題のはずです。なぜなら、この千八百時間は誰のものでもなく、「自分の時間」だからです。それは作務でも同じことです。自分の時間、つまり自分の命です。

その時間を大事にするためには、仕事の量よりも質を考えるべきです。安泰寺の住職になってから、一日のスケジュールを変更したのはそのためです。起床時間を三時四十五分に変えたことで、午後四時半になってもなかなか片付かなかった作業が、遅くても三時、早ければ午後の早い時間に終わるようになりました。つまり、一日の労働時間が一時間以上も縮んだことになります。「まだまだがんばらないと」という無駄な精神論もなくなり、不毛な労働にまつわる「鬱密深沈」とした空気が消えました。夜坐が終わった後、一部の雲水がやけ酒でフラストレーションを解消し、次の朝を二日酔いで迎えるという悪循環もなくなりました。今は、「日本の時計の針を二時間進めよ」というのが私の持論の一つにもなっています。

日本人と欧米人の身体感覚

禅の修行にとって、身体感覚というのはとても重要なものです。次に日本人と欧米人の身体感覚の違いについて考えてみたいと思います。

その差は、坐禅のために身体の姿勢を整える際にも表れます。「身心一如」(註 肉体と精神が一体不二であること)という立場から、身体の姿勢を非常に大事にしたのが安泰寺の五代目の堂頭、沢木興道老師です。

「坐禅は人間の肉体で仏をつくるものである。……仏というものは概念的なものではなくて、われわれの筋肉の向けよう一つで、この身このままが仏なのである。修行そのものが悟りそのものである。形そのものが精神そのものである。態度そのものが道そのものである」

「悟りは頭で悟るものではない、われわれの胴体ですることなんだ。つまり仏さまになる態度を練ることである。精神的というのはインチキをやりたがる。まず胴体をしっかりやろうというのは禅の修行である」（『生きる力としてのＺｅｎ』大法輪閣、二〇〇三年）

その沢木老師は「坐禅の仕方」を以下の言葉で説明をしています。

坐蒲の上に尻を下し、尻が丁度坐蒲の半分位までにかかるようにして坐る。右の足を左の腿の上に深くのせ、更に左の足を右の腿の上に深くのせる。岩に鮑がひっついたように、両膝をピッタリと畳の上にひっつける。左の足の上に右の掌を置き、その上に左の掌を置き、母指が相対するように組み合わせる。次に体を左右に大きく振り、次第に小さくしながら、七、八回ほど振って坐相を整える。そして大きく一呼吸して、肩の力をすっかり抜いてしまう。かくして尻をグッと後方に引き、尻の孔が後方に向くように尻を後に突き出す。頭は天井を突き上げるようにして首筋を伸す。顎は耳の後の皮が痛くなる位にグッと引く。そして丁度、鼻と臍とが垂直になり、耳と肩とが垂直に相対するようにする。目は僅かに開き、三、四尺前の畳の上に落ちる位にする。

内臓は、あまり上に引き上げぬようにするがよい。それかと言って下腹に無理に力を入れるのもよくない。自然に内臓をゆったりと下腹に載せるようにするのがよい。内臓を無理すると病気になる。呼吸は自然にまかせるがよい。呼吸がつまるようなのは、何処かに無理がある。斯ようにして腰の力をゆるめぬようにして意志を緊張しておくことだ。兎に角、姿勢の急所は腰にあるのだから注意せよ。意識はあくまで活々としておくことだ。だらりと睡むたそうな顔をするではないぞ、綿屑みたいな疲れた顔をしているのはみっともない。顎をグッと引き締めて、活々とした顔をしてやれ。睡むくなったら、右肩を警策で叩いて貰え。(引用者による要約)

ドイツ人の私がこの手引きを読んで気になるのは、

「尻の孔が後方に向くように尻を後に突き出す」

「顎は耳の後の皮が痛くなる位にグッと引く」

「意志を緊張しておくことだ」といった箇所です。

クソがつくほど真面目なドイツ人が字義通りにグッと腰を入れて、アゴも面皮が痛くなるぐらい引いて、その姿勢を長時間続ければ、身体を壊すでしょう。またどうして「肩の力をすっかり抜いてしまう」と言いながら、「腰の力をゆるめぬようにして意志を緊張しておくこと」ができるのかと不思議に思うことでしょう。

欧米人がとくにそう感じるのは、そもそも彼ら（私も含めて）の身体が緊張型だからです。欧米人を相手に坐禅を説明する場合、もちろん顎を引くことや腰を入れることも教えますが、むしろ「身体も心も緊張させないで」「いっさいを手放して」「痛さを堪えるのではなく、痛いという感覚をそのまま受け入れて、痛さの中でリラックスする」という点を強調します。

頭も身体も固い私のような欧米人にとって、まず重要なのは、いかに凝り固まりをほぐすか、いかにこの姿勢のままでリラックスできるか、いかに足腰の痛みを受け入れるかということなのです。

日本人は欧米人と比べれば柔軟です。よく言えば「フレキシブル」ですが、「芯がない」と指摘せざるを得ない日本人参禅者も多い。

そして何より、坐禅における日本人の一番の問題は「居眠り」です。

どうしてあのような窮屈な坐禅の姿勢で、居眠りなどできるのか。欧米人には理解不能です。電車の中での居眠りもしかり。外部的刺激が絶えた状態で居眠りに落ちるのは、日本ではごく普通のようです。

欧米人は、常に「ファイト・モード」でいるからこそ、「テイク・イット・イージー」や「リラックス！」とお互いに呼び掛けます。

一方、日本人は放っておくとすぐデレーッとするので、逆に「一生懸命がんばろう！」を掛け声にします。沢木老師の「綿屑みたいな、だらりと睡むたそうな顔をするではないぞ」という言葉にも頷けます。

居眠りに憧れるドイツ人

第二章でも私は、はじめて安泰寺に上山して、居眠りをしている雲水たちに驚いた話をしました。一日のスタート時間を早めることがその改善策の一つだと考えていますが、時間の問題だけではないでしょう。自覚の問題だと思います。

私の師匠が居眠りを黙認したわけでは決してありません。接心が終わったある日のティー・ミーティングの時、堂頭さんは「坐禅と居眠りは違うぞ、間違うな！」と怒鳴りました。ミーティングのあと、雷童さんは「誰のことだろう？　僕は居眠りをしている人に全然気づいていない」と漏らしましたが、「それはアンタがその張本人だからだ！」と普段は優しい永心さんの怒りが爆発してしまいました。

「そうか……、しょうがないなぁ」、雷童さんは他人事のようにつぶやきました。

居眠り問題の解決の鍵は、「居眠りをしている自分に自分で気づく」他にありません。まず「私が眠っている」こと、そして「この私が目を覚まさない限り、誰も起こしてくれない」ことに気づかなければいけません。「そんなの当たり前だろ」と思われるかもしれませんが、このことに気づかない人が実に多いのです。

私の弟子にも、居眠り名人がいます。あまりにもひどいので、「大人の修行」の原則を忘れて、「寝るな！　目を覚ませ！」と叫んだり、警策で叩いたりしたこともあります。しかし、しばらくするとまた安心して眠ってしまいます。どうやら、眠っている人を起こすのが、堂頭の私の仕事だと思っているようです。そこで、次の一炷から彼の座布団を禅堂と庫裏の間の渡り廊下に移動させました。

「どうぞ、ここで存分に眠ってください」

それまで一炷の坐禅の間、居眠りせずに坐ったことのなかった彼も、その日の夜からほとんど居眠りをしなくなりました。「この自分が目を覚まさなければ」ということがようやく分かったようです。

数年前、『Ｉｎｅｍｕｒｉ』という本がドイツで話題になりました。「日本人を見習いなさい。つまらない授業や会議の時間を活用して、睡眠をとって身体も頭もリフレッシュ。と同時に、日本の〝イネムリ〟は社会秩序に対するささやかな反逆でもあり、電車中の異性へのアプローチの手段でもある」

といった具合に、ぐっすり眠れないというドイツ人のために、〝イネムリ〟の「ご利益」が説かれています。ドイツ人は〝イネムリ〟をしたくてもできません。著者はもちろんドイツ人で、新聞記者に「あなたも毎日〝イネムリ〟をするのですね」と聞かれて、「いいえ、私はまだその技術をマスターしていません」と答えたそうです。

羊たちと羊飼い

坐禅の精神面においても、やはり日本人と欧米人で大きな違いがあるようです。

安泰寺の参禅者、特に欧米人の参禅者には、「思いの手放し」というキーワードについて、こんな比喩で説明することがあります。

坐禅中の心の状態は、エサを捜し求めている羊の群れのようなものだ。羊たちはあちらへ行ったりこちらへ来たり、草も食べれば大事な花や野菜もかじってしまう。そこには白い羊もいれば黒い羊もいる。羊飼いはその羊たちが牧草地の外に出ないように、周りをフェンスで囲みたくなる。白い羊は何匹、黒い羊は何匹、数えたくもなる。しかし、羊飼いが羊を管理しようと思えば思うほど、羊は暴れてしまう。まるで羊飼いをイライラさせることを楽しんでいるように。

「思いを手放す」ということは、その羊飼いが一休みすること。羊飼いが休めば、今まで暴れていた羊も静かになる。だから、坐禅は羊飼いの立場をとることではない。かといって羊たちの仲間入りをしてもらっても困る。むしろ羊たちが戯れている、あの大きな牧草地の無限の『空』と『地』そのものになることだ。

しかし睡魔との負け戦を闘い続けている日本人の弟子の場合、それでは居眠り問題を解決できません。彼らには逆に「まずその羊飼いの存在をはっきりと確認しなさい」と指導します。坐禅は決してセルフ・コントロールが全てではありませんが、セルフ・コントロールすらできなければ、坐禅にならないのもまた事実です。

私が日本の参禅者に力説しているのは、坐禅も修行も、自分自身がやらなければ、誰も代わりにはやってくれないということです。「自分の実践」が焦点なのです。それこそが「大人の修行」なのです。これと似たようなことを道元禅師が「現成公案」の中で、ある師匠と弟子のやり取りで説明しています。

麻浴山《まよくざん》宝徹禅師、あふぎをつかふちなみに、僧きたりてとふ、「風性常住《ふうしょう》、無処不周なり、なにをもてかさらに和尚あふぎをつかふ」。師いはく、「なんぢただ風性常住をしれりとも、いまだところとしていたらずといふことなき道理をしらず」と。僧いはく、「いかならんかこれ無処不周底の道理」。ときに、師、あふぎをつかふのみなり。僧、礼拝す。

「夏の暑い日だった。宝徹禅師が扇子で扇いでいるところ、僧は聞いた。
『空気という風のエッセンスはどこにもある。どこにも行きわたっている。どうしてそれを扇子で扇ぐのか?』
『エッセンスがどこにでもあるということは分かっているのだろうが、それを行きわたらせる道理をお前は未だに知らないようだね』
『では、その道理とはなにか？』
禅師は黙って扇子で扇ぎ、その実物見本を見せた。僧は礼拝した」

もちろんこの僧は、風と空気の物理的な関係が知りたかったのではありません。仏教では、生きとし生けるものすべてが「仏性」を備えていると説きます。ここでは仏性を「風」という言葉で表現しています。問題は、どうして人間はあえて修行して仏になろうとするのか、という点です。

「そのまま、ありのままで仏だというのなら、修行（つまり風を扇子で扇ぎ出す）の実践は不必要ではないか」

それが、ここに登場する僧の問いのポイントです。それに対する禅師の答は、「実践してこそ仏だ。いや、仏であればこそ実践できる」というものです。

これこそが「修証一等《しゅしょういっとう》」。つまり、実践において修行と悟りは同一体の両面であるという意味です。「仏になるための修行（実践）」ではなく、「仏だからこそできる修行（実践）」というスタンスです。この私が坐禅をするのではなく、坐禅が私をしているのです。

しかし、これは欧米人には分かりづらいようです。彼らはどうしても「私の実践」「実践している私」が手放せないのです。欧米人のためには、逆の比喩を考えてみました。

「真冬のある日、ある僧が言った。

『どこからもすきま風が入ってこないはずなのに、冷たい風が吹いているのはなぜだろうか』

自分の右手で絶えず風を扇ぎ出していることに、この僧はまったく気づいていない。その手を休めれば冷たい風がたちまち止むはずだが、彼は左手にも扇子を持ち、反対の方向に扇いでその風を打ち消そうとした。ご苦労な話だ」

この手の修行態度は、私のような欧米人に非常に多くあります。

「人生の問題を解決せねば」と言いながら、問題の根源が自分にあるということに全く気づきません。その根源のはっきりしない問題を「私の修行」で解決しようともがく。修行にこの「私」を持ち込むことによって、問題がますます複雑になってしまいます。

安泰寺では自主性と主体性が要求されます。自分の修行で「安泰寺を創る」わけですが、欧米人の参禅者がまず「自分を忘れる」ということができなければ、本当の意味で安泰寺の「創造」はできません。一方、日本人は日々の生活の中で仏道を実践しなければならないのが各々の自己であり、この自己がなければ「自らの命の創造」もできないということを自覚する必要があると思います。これは仏道修行道場に限った話ではなく、仕事や家庭についても言えることではないでしょうか。

堂頭になって二年目、一通の電子メールが届きました。別の修行道場で安泰寺に批判的な話が出て、その内容を「ご参考に」と送ってきたのです。このようなメール自体はあまり珍しくありませんが、発言者の名前を見て仰天しました。なんと、かつて師匠に「心眼を開け！」と怒られていた、あの雷童先輩ではありませんか。

そのメールを要約して引用します。

　沢木門下で指導を受けた。師は黙って坐れと仰った。だからよく睡魔に襲われたり、雑念にまみれたりした。ある時には心が落ちつくことがあるが、接心が終わるとぐたーっとなることの繰り返し。いつまで経っても心の決着は付かない。ちょうど幼稚園の子供が大学へ行って勉強するようなものだ。結局、安泰寺に定着した人はいなかったよ。これは人がどうのこうのじゃなくて、やはりはっきりした確信が摑めないからだと思う。そのまま行くと何年経てばいいのか、意味のない長い時間の経過がとても心配なのだ。はっきり指導してもらえなかったというところが、確信を持った坐禅、もしくは修行ができなかったということだ。だからそれをはっきりさせるためには、まず一番の手だてが師匠だと思う。

雷童さんがここで提起している問題は確かに存在します。私も長く、解決できそうにない疑問を抱え悶々としていました。今だって、何の疑問もなく穏やかな日々を送っているわけではありません。

安泰寺の修行者たちに「大人の修行」というテーゼを提唱するきっかけを作ってくれたのが、実はこの一通のメールでした。メールにあるように、幼稚園児が大学で勉強しても意味がありません。大人でなければ、修行中に壁にぶつかっても、それを乗り越えることができません。しかしそれが叶わないことを、はたして師匠や先輩の指導のせいだと決め付けていいものでしょうか。

他でもなく私自身がその点をまったく分かっていませんでした。

安泰寺に入門した当初、特に典座当番で苦労しました。

「どうしてだれも料理のコツを教えてくれないのか?」と思ったものです。

そこで永心さんに諭されました。

「その態度、間違っているよ。俺は、坊主になる前に寿司屋に勤めたことがある。最初の一年間は皿洗いばかり。当然、指導らしい指導は何もなかったよ。ある日『今日の寿司はお前が握るんだ!』と突然言われた。それでも『ボクは何も知りませんから、教えてください』なんて、言えないんだよ。観念して寿司を握るしかない。もちろん、それまで横目で板前の技を盗んでいなければ、そんなことはできない。たとえ皿を完璧に洗っていたとしても、それだけではダメ。自分の視野を広げて、板前の動きに気を配り、店全体の空気を読み取らなければ、寿司屋の世界は見えてこない。お前もまだ『安泰寺』が見えていない。『安泰寺を自分で創る』という作業は、自分の六根(註　眼、耳、鼻、舌、身、意のこと。つまり感覚の全て)を使って寺の景色を一目で見渡すということだ」

弟子が師匠をつくる

では、弟子は師匠の指導をどのような態度で受けるべきか。

経典の中で釈尊は、良医に例えられています。「遺教経《ゆいきょうぎょう》」という釈尊最後の説法には、こうあります。

我れは良医の病を知って薬を説くが如し、服すと服さざるとは医の咎《とが》に非《あ》らず。又、善く導く者の人を善道に導くが如し、これを聞いて行かざるは導くものの過に非らず。

医者は薬の処方までしかできません。それを正しく服用するかどうかは、患者の責任です。案内者の「地図」を持って、実際に目的地まで足を運ぶのは旅人自身です。

私が師匠から受け取った「地図」は、

「安泰寺はお前が創るのだ」

「お前なんか、どうでもいい」

この二つの教訓です。この「地図」を頼りに仏道を実践してきたのです。もちろん、地図は地図に過ぎません。最終的には、その地図を持って自分で山に分け入らなければいけない。地図を正しく読み解き、自分の五感という「コンパス」を使いこなせなければいけない。実践をせず、「地図が悪い」と文句を言うのは幼稚な行為です。

禅の世界では、このような実践を伴わない「地図」のことを「画餅」と呼びます。絵に描かれた餅はおいしく見えても、食べることはできません。お坊さんによる「仏法」の話の大半が、「画餅」みたいなものではないでしょうか。いや、この本もそうかもしれません。読者の方が、この本から「何か」を引き出さなければ、単なる「資源ゴミ」で終わってしまいます。

師匠から弟子がどれだけのものを引き出せるか、例を挙げて考えてみましょう。

釈尊には何千人もの弟子がいましたが、それぞれの心の中にはそれぞれの「釈尊」がいました。「智慧第一」の舎利弗《しゃりほつ》や「神通第一」の目連《もくれん》（註　共に教団の後継者と目されていた十大弟子の二人だが、釈尊の入滅に先んじて亡くなった）の見ていた「釈尊」と、釈尊入滅後、教団を統率した「頭陀第一」の摩訶迦葉《まかかしょう》の「釈尊」は違っていたでしょう。また、釈尊のいとこで教団を分裂させた提婆達多《だいばだった》の中の「釈尊」も全く違っていたはずです。それぞれの弟子は、自身の中でそれぞれの師匠を作っています。

弟子にとって、師匠は鏡です。一塵の曇りもない、ピカピカに磨き上げられた鏡が望ましいのですが、現実にはそんな完璧な師匠はなかなかいません。ややもすれば、弟子は師匠という鏡を覆っているホコリばかりが気になってしまい、自分自身もまた師匠の鏡になっているということに気づきません。私の師匠も、その師匠の師匠も、あちこちにヒビの入った、曇りだらけの鏡でした。私自身もまたそのようなものです。

大事なのは、そのような不完全な鏡でも、よくよく覗いてみれば自分の姿がちゃんと映っているということです。鏡の形にとらわれてはいけません。

私が安泰寺の堂頭になって、弟子から学んだことは、「弟子もまた師匠の鏡なのだ」ということです。「どうしてもう少しマシな弟子が来ないのだろうか」とため息をつきたくなる時もありますが、そういう時には、鏡の中に映っている私の姿を見失っているのです。もう少しマシにならなければならないのは、この私の方だということです。

喜心・老心・大心

修行道場の師匠と弟子はお互いの鏡になっていますが、その関係は家庭内における親と子についても言えることでしょう。問題は、鏡の中に映っている自分に気づくかどうかです。

日本人と欧米人の「家族」に対する考え方もまた対照的です。

欧米人は、日本人ほど血縁を大事だと考えていません。家族より親友を大事だと考えている人もたくさんいます。なぜなら、家族は自分で選んだわけではないからです。一方で親友は、自分の意思で選んだものです。親友同士の関係は対等であり、そこにはあらかじめ決まった役割もありません。

欧米人はまた、親子関係より夫婦関係を大事にします。血縁がないからこそ、大事にするのです。もちろん子供の教育に対する責任のすべてを親が持ちますが、その教育の主眼は、いち早く子供を自立させることです。和製英語に「スキンシップ」という言葉がありますが、ヨーロッパにはそれに相当する言葉は見当たりません。

日本と欧米のどちらが優れているのか、という話ではありません。私個人としては、母親を幼い頃に亡くしたので、日本型の教育方針に憧れています。子供を無理に自立させるのではなく、自立しようという気になるまで、親の肌のぬくもりを感じさせるべきだと思います。しかしそれも中学生になるまででしょう。二十歳過ぎても家を出ようとしない子には、それこそ「ホームレス」でも経験させるべきだと思っています。

私自身は、三十五歳の時にはじめて子供の親になるまで、「大人」の本当の意味が全く分かりませんでした。実際に子供を持たなければ、親の気持ちが理解できません。だから、できるだけ早く子供を作った方がいいというのが私の持論でもあります。

これに疑問を感じる方も多くいるでしょう。

「今の日本人は二十歳になっても、肉体はともかく精神的にはまだまだ子供だ。そういう子供が子供を産んでも、親の自覚を持って育てられるはずがない。まず精神的に大人になってから、子供を産むべきだ」

これにも一理あると思います。しかし問題は、二十歳で大人になっていない人をそのままほうっておいても、四十歳になっても六十歳になっても、精神的にはまだ子供のままだということです。大人になってから子供を産むというのではなく、子供を産み、そして育てることによって、大人になるという道理もあるのではないかと思います。子供こそ、大人を大人にしてくれているのです。

自分が「親」になれば、はじめて自分以外の存在に対して強い責任感を持てる人もいるでしょう。子供の一生を左右しているのが親ですから、「親」になれば、自分を忘れて子供に目を向けなければなりません。そうすれば「親」は「子」という鏡の中で、自分を見つけることもあるでしょう。本当の教育とは、親が一方的に子供を大人にしていくことではなく、親も子も一緒に大人に育つことだと思います。

しかし、親の思うとおりにならないのも子供です。その時、「そんな子に育てた覚えがない」と言ってしまえば、それは親としての自覚のなさの証拠です。

家庭の中に「親」と「子」がいますが、実は各々の心の中にも「親という自分」と「子供という自分」が存在する。親が子供のことを理解することも大事ですが、「子供という自分」が少しでも大人に近づこうと努力し続けるのも非常に大事です。

ここまで私は、頻繁に「大人の修行」という言葉を用いてきましたが、仏教では、「大人」という言葉を「だいにん」と読み、お経によく登場する仏法の実践者「菩薩摩訶薩」を意味します。

道元禅師は「大人」を、第二章でも紹介した「典座教訓」の中で、「喜心・老心・大心」という三つの心で表しています。

「今ここ、この自分として、生かされてよかった」という喜びの心、我が子を慈しむ親の老心、そして全ての川の水を余すことなく受け入れている海ほど広い大心です。

この三つの心を備えた大人、つまり菩薩（自分を忘れ、一切衆生の救済を先とする人）こそが「親」ではないのでしょうか。その意味で、家庭というのは「菩薩の修行道場」と言えます。

つまり、家庭の親と子、菩薩と衆生、修行道場の師匠と弟子というアナロジーを導けるのですが、誤解してほしくないのが、弟子は子供になってはいけないということです。「子供」の弟子が、これから「大人になるため」に修行をするのではなく、「大人だからこそ」修行をするのです。

ところが、世襲制がまかりとおる今の日本仏教ではどうでしょう。住職が「この間、弟子がさぁ……」といえば、大体は自分の息子の話になります。逆もまたしかり。師弟関係＝親子関係となっている以上、そこに「大人の修行」の厳しさはありません。

私は、もし長男が「出家して、坊主になりたい」と望んだら、私自身が彼を弟子にとることだけはしないように決めています。「優れた師匠を見つけて、そこで納得の行くまで修行しろ」と言うことでしょう。そうでなければ、彼のせっかくの求道心を根っこから殺してしまうことになるからです。

実の父親の下で「出家」をする。そんなナンセンスなことが日本の仏教界で通用するようになっていることが、一般の寺院の「大人の修行」を妨げる一番の原因ではないでしょうか。

しかし堕落の原因は、寺院の中だけではないかもしれません。一般の檀信徒もまた、日本仏教にすっかり絶望しているためか、あまり多くを求めなくなりました。ある先輩から聞いた話ですが、なんとか仏教への信頼を取り戻そうと、坐禅会や経典の勉強会を開こうとしたら、「余計なことはしてもらわなくても結構。お坊さんは葬式法事さえきっちりと勤めていればいい」と檀家さんに言われるそうです。どうやら仏法の中身とその実践は、彼らにとって「余計なもの」のようです。

生死はみ仏のおん命

毎年お正月、街頭で托鉢をしています。初詣のついでにお布施を鉢の中に入れてくれる方々には大変感謝しています。そのときに、「家内安全を」「ご縁がありますように」といった願いから、「癌が治りますように」「宝くじが当たりますように」という具体的な注文まで、いろいろと口にされる方も少なくありません。遠くから一円玉を投げつけ、「仕事をくれ、そして女と酒もくれ」と叫んだ酔っ払いもいました。手足をはじめ、身体中を触ってくる人もいます。

私は言われるがまま、されるがままにして、ただ般若心経を唱え続けているのですが、正直なところ、私に皆様のご期待にお応えできるほどの力があるかどうか自信がありません。神仏を拝み、聖職者を拝むその気持ちを馬鹿にするわけではありません。ですが、相手の身にもなってください。元旦の朝から「頭を良くしてくれ」「水虫を治してくれ」と言われ続ける仏さまや神さまのお気持ちはいかばかりか。

私は子供を持ってよく分かったのです。「あれがほしい、これがほしい」とぐずられても、親にとって子供はかわいいものです。しかしそれより、「お母さん、お父さん、いつもありがとう」という言葉のうれしいこと。どこの親だって「これやってちょうだい」より、「ぼく、自分でできるから、お父さんは見ててよ」や「お母さん、何かお手伝いできることはないの？」と言われたいに決まっています。

初詣も同じ気持ちで、「あれをくれこれをくれ」というのではなく、神仏に手を合わせてこう願うのはどうでしょう。

「仏さま、神さま、命をありがとう。こんな私にでもお手伝いができれば、どうぞ何でもさせて下さい。よろしくお願いいたします」

この願いこそ、自分の心の中の「子供（凡夫）」が「親（仏）」の気持ちを理解し、大人になろうとする時に発せられます。これが大人の第一歩、菩薩としての第一歩です。

道元禅師も、『正法眼蔵』の「生死《しょうじ》」という巻の中で言っています。

この生死は、すなはち仏の御いのちなり。（中略）ただわが身をも心をも、はなちわすれて、仏のいへになげいれて、仏のかたよりおこなはれて、これにしたがひもてゆくとき、ちからをもいれず、こころをもつひやさずして、生死をはなれ仏となる。

身をも心をも仏の家に投げ入れる。それと同時に、あくせくと計らっていた自分の生活は、仏の方から行われるようになる。何の力もいれずに、心も費やさずに、それに従って行くとき、悩みの種であったこの生死は、実は仏の命であった、と気づく。この気づきこそ大人の自覚であり、その実践が「大人の修行」です。

「生死」の最後は簡潔に結ばれています。

仏となるにいとやすきみちあり。もろもろの悪をつくらず、生死に著するこころなく、一切衆生のためにあはれみふかくして、かみをうやまひ、しもをあはれみ、よろづをいとふこころなく、ねがふこころなくて、心におもふことなく、うれふることなき、これを仏となづく。またほかにたづぬることなかれ。

仏になるのに、簡単な方法がある。悪いことをしない、生死にとらわれない、生きとし生けるもののためを深く考え、上（内なる親＝仏）を敬い、下（内なる子＝凡夫）を憐れみ、何者に対しても嫌がったり、あれこれほしがったり、心に一物をもったり、心配したりしない自分、これを仏と呼ぶ。この自分の他に、捜し求めても意味がない。

ここに道元禅師のみならず、宗教そのものの極意があると思います。実践しようという心こそが仏であり、その他には仏などどこにもないのです。

「迷える者」であり続ける

若かりし頃の私は、人生問題の解決を坐禅に求めていました。坐禅と出会ってから、二十七年が過ぎましたが、「坐禅を噛み締める」ことによって、その解決を得られたかどうか、そこが知りたいという方もおられるでしょう。

実は、「人生の意味とは？」という問いに対する答えを坐禅が導いてくれた、といえば嘘になります。

「いや、坐禅そのものが解決であった」というのも、ちょっと違います。

そうではなく、坐禅によって、私の求める方向性がガラッと変わったのです。

『夜と霧』というロングセラーの著者として知られている、ホロコーストを生き延びたユダヤ系オーストリア人の心理学者、ヴィクトール・フランクルの言葉を借りれば、それは「〝人生の問い〟のコペルニクス的転回」かもしれません。

私たちが「生きる意味があるか」と問うのは、はじめから誤っているのです。つまり、私たちは、生きる意味を問うてはならないのです。人生こそが問いを出し私たちに問いを提起しているからです。

（『それでも人生にイエスと言う』山田邦男・松田美佳訳、春秋社、一九九三年）

人生においても、坐禅においても、一体何が正解なのか、私は未だに分かりません。しかし、「人生とは何か」「坐禅とは何か」というふうに、よそに向かって問うことだけは止めました。一瞬一瞬、この私自身の生きる態度が問われているのだ、ということに気づいたからです。

道元禅師の「学道用心集」に、二つの言葉があります。

知るべし、行を迷中に立てて、証を覚前に獲ることを
（迷いの最中に初めて、修行をしようと思い立つ。本人が気づいていなくても、「仏と同じ行いを実践しよう」という思い自体が、すでに仏の確証そのものである）
参学の人、且らく半迷にして始めて得たり、全迷にして辞すること莫れ*
（迷いの最中にいるからこそ得られる確証なので、いよいよ迷いが全うしたときにも、この修行を続けるのみである）

私はいつまでもこのような「迷える者」であり続けたいのです。

私の禅修行は、「迷いの解決」を求めるためのものではありませんでした。坐禅に問われ、作務に問われ、家庭生活に問われ、この日々こそ私の修行であったのです。そして、この「迷える者の禅修行」を人々と分かち合うことこそ、これからも私のつとめであり続けるのです。

*現存している「学道用心集」の版本のうち、最も古いとされている「寛永本」に従った（大久保道舟訳註『道元禅師語録』岩波文庫、四十ページ）

あとがき

この本の基となったテキストは、二〇〇八年の秋から「仏教とは何か」という題で安泰寺のホームページに公開しました。そこでは、欧米では今や仏教が広まりつつあって、仏教の専門的な話もできるようになったのに、仏教国であったはずの日本ではむしろ、ごく初歩的な話、仏教とはどういう教えなのか、というところから今もう一度、再出発しなければならないという私の不満を書きました。

「その怒りを新潮新書という形で発表しては？」という、願ってもない誘いがあったのは、それから間もない頃でした。声を掛けてきたのは、新潮新書編集部の金寿煥さんでした。

「その本、ぜひ書かせてください！」。お誘いに軽い気持ちで乗ってしまった自分の甘さに、すぐに気づかされました。

「その話、リアリティーが全然ない。もっと具体的に書け！」と尻を叩かれていると思いきや、「そこの部分、つまらないから要らない」と、とても大事な話（と私が勝手に思い込んでいた駄文）がばっさりカット。

しばらくへこんでいると、今度は手のひらを返したように、「すごく面白いので、いつ続きが読めるか、楽しみだ」という励ましの電話があったり……。

一方、金さんが「てにをは」の確かな使い分けすら教わっていない尻の青いガイジン坊主に本のオファーをしたことを何度後悔したことだろう、と思うとこちらも頭が下がり、再び原稿に向かわざるを得ませんでした。

「飴と鞭」の実践に徹して、この本を完成させてくださった金さんにはたいへんお世話になりました。

これまでの私の修行を見守ってくださったたくさんの善知識（仏道の仲間かつよき指導者たち）にも敬意を表します。本の執筆の心構えから、誤字脱字のご指摘まで、色々な助言をいただきました。ただ、そのすべてを活かせなかったことをお詫びいたします。

この本の多くの登場人物の名前は仮名にしています。その理由は、この本があくまで「私」という一つの主観から見た話に過ぎないからです。フィクションのつもりで書いた部分は全くありませんが、それぞれの登場人物はそれぞれの視点から、違う真実を見ていたのかもしれません。敢えてお断りしておきますが、この本は「私の話」「私の真実」です。そこには何の〝客観性〟もないのです。

最後になってしまいましたが、私の話にラストまで付き合ってくれた読者のあなたにもお礼を申し上げます。

問題は、私の「真実」ではありません。

つまるところ、私の個人的な体験や、ドイツ人の私が日本仏教をどう見ているかということではなく、読者のあなた自身がどのように生き、どの視点から仏教をどうとらえて、どう関わっていくのかが、最も大切なことだと思います。

ネルケ無方

二〇一〇年十二月

ネルケ無方　1968（昭和43）年ドイツ生まれ。禅僧。兵庫県安泰寺住職。高校時代にドイツで仏教と出会う。1993年、安泰寺で出家得度。京都、大阪などでも修行生活をおくり、2002年より現職。

Ⓢ新潮新書

404

迷《まよ》える者《もの》の禅修行《ぜんしゅぎょう》

ドイツ人住職《じんじゅうしょく》が見《み》た日本仏教《にほんぶっきょう》

著者　ネルケ無方《むほう》

2011年1月20日　発行
2022年8月5日　8刷

発行者　佐藤隆信

発行所　株式会社新潮社

〒162-8711　東京都新宿区矢来町71番地
編集部(03)3266-5430　読者係(03)3266-5111
http://www.shinchosha.co.jp

印刷所　株式会社光邦

製本所　加藤製本株式会社

ISBN978-4-10-610404-6 C0215